우리 조상들은 얼마나 책을 좋아했을까?

역사 보물창고는 역사 속에 숨겨진 빛나는 이야기들을 발굴해 새로운 시각과 지식을 선사하는 시리즈로 미래의 주인공인 어린이와 청소년들에게 올바른 역사의식을 심어 줍니다.

❶ 역사 거울, 형제자매를 비추다 이해담
❷ 우리 조상들은 얼마나 책을 좋아했을까? 마술연필
❸ 경주 최 부잣집은 어떻게 베풀었을까? 황혜진
❹ 주몽, 고구려를 세우다 강숙인

역사 보물창고 ❷
우리 조상들은 얼마나 책을 좋아했을까?

초판 1쇄 2015년 1월 5일 | 초판 4쇄 2020년 10월 20일 | 2판 1쇄 2020년 12월 30일 | 2판 4쇄 2023년 10월 25일
글쓴이 마술연필 | 그린이 김미은
펴낸이 신형건 | 펴낸곳 (주)푸른책들·임프린트 보물창고 | 등록 제321-2008-00155호
주소 서울특별시 서초구 양재천로7길 16 푸르니빌딩 (우)06754
전화 02-581-0334~5 | 팩스 02-582-0648
이메일 prooni@prooni.com | 홈페이지 www.prooni.com
인스타그램 @proonibook | 블로그 blog.naver.com/proonibook
ISBN 978-89-6170-473-1 74900

ⓒ 마술연필, (주)푸른책들, 2015

＊잘못된 책은 구입한 곳에서 바꾸어 드립니다.
＊이 책 내용의 일부 또는 전부를 재사용하려면 반드시 저작권자와 (주)푸른책들 양측의 서면 동의를 얻어야 합니다.

이 도서의 국립중앙도서관 출판시도서목록(CIP)은 서지정보유통지원시스템 홈페이지 (http://seoji.nl.go.kr)와 국가자료공동목록시스템(http://www.nl.go.kr/kolisnet)에서 이용하실 수 있습니다.(CIP제어번호: CIP2014033366)

보물창고는 (주)푸른책들의 유아·어린이·청소년 도서 전문 임프린트입니다.

(주)푸른책들은 도서 판매 수익금의 일부를 초록우산 어린이재단에 기부하여 어린이들을 위한 사랑 나눔에 동참합니다.

우리 조상들은 얼마나 책을 좋아했을까?

마술연필 글 | 김미은 그림

보물창고

● 글쓴이의 말

책 읽기 싫은 사람, 여기 모여라!

혹시 이 책을 펼친 어린이 중에 책 읽기를 싫어하는 친구가 있나요? 책을 펴 놓고 읽는 둥 마는 둥, 눈앞에 있는 책은 보이지도 않고 어제 하던 게임이나 재미있는 스마트폰이 아른거리는 친구들이 많을 거예요. 오랜만에 맘먹고 책을 읽는다 해도 선생님이 내 준 숙제 때문일 거고요.

하지만 책이란 한번 친해지면 평생 함께하는 친구가 되어 주는 기특한 물건이랍니다. 게임은 한 번 깨면 그만이지만 책은 읽고 또 읽어도 깊은 맛이 우러나오거든요. 꼭 따뜻한 차처럼 말이에요. 그런데 왜 어른들은 책을 읽지 않느냐고요? 그럼 엄마 아빠, 할머니 할아버지를 넘어 조금만 더 거슬러 올라가 봐요. 우리 조상들 중에는 책과 떼려야 뗄 수 없는 벗이 된 분들이 많이 계셨어요. 어릴 적부터 책벌레로 유명했던 세종 대왕, 책 속에서 멘토를 찾은 신사임당, 책 한 권을 수만 번도 더 읽은 김득신……. 이 책에서는 여러분에게 우리 조상들이 얼마나 책을 좋아했는지, 왜 책과 친구가 될 수밖에 없었는지 들려주려고 해요.

과연 우리 조상들은 무엇 때문에 책에 푹 빠지게 된 걸까요? 그 이유가 궁금하다면 이 글이 끝나자마자 곧바로 책장을 넘겨 책벌레 조상들의 이야기를 만나 보세요. 아홉 가지 이야기를 차츰차츰 읽어 나가다 보면 어느새 여러분도 선생님과 어른들이 왜 그렇게도 책을 읽으라고 야단인지 알게 될 거예요. 스마트폰처럼 방전되지도 않고, 게임처럼 등수를 매기지도 않는 늘 한결같은 친구가 생길 테니까요. 그러니 이 책을 시작으로 이 세상 모든 책들과 조금 더 가까워지길 바랄게요!

지은이 〈마술연필〉

차 례

세종 대왕
책벌레 세자, 글자를 만들다 • 8

신사임당
책 속에서 만난 스승 • 18

유희춘
집을 도서관으로 만든 책 사냥꾼 • 28

허 균
소설과 사랑에 빠진 소년 • 38

김득신
억만 번 책을 읽은 동네 바보 • 48

이덕무
책만 보는 바보 • 60

조신선
모든 책은 내 손 안에 있소이다 • 70

정약용
아버지를 살리려거든 책을 읽어라 • 80

김 구
감옥 안에서 책을 읽은 애국 청년 • 90

글쓴이의 말 • 4
더 만나 볼 책벌레 조상들 • 100
사진 제공 및 출처 • 104

책벌레 세자, 글자를 만들다

세종 대왕 (1397-1450)

세종은 조선의 네 번째 임금입니다. 어렸을 때부터 다양한 책을 읽어 모르는 분야가 없었습니다. 집현전을 설치하여 백성을 위한 글자 훈민정음을 만들었고 궁중 음악을 장려하는가 하면, 장영실 같은 능력 있는 과학자를 통해 측우기·혼천의 등을 발명하기도 했습니다. 뿐만 아니라 국방 강화에도 힘써 여진족과 왜구의 침략에서 나라를 지켰습니다.

책병이 난 어린 세자

조선 한양, 임금님이 사는 궁궐 위에 둥근 보름달이 휘영청 떴습니다. 밤이 깊어 모두 잠들었는데 세자궁만은 아직도 촛불을 밝히고 있었습니다. 창밖으로 세자가 서책을 읽는 소리가 가만히 흘러 나왔습니다.

"오늘 하나의 일을 기억하고 내일 하나의 일을 기억하면 그 뜻을 자연히 꿰뚫게 되며, 오늘 하나의 어려운 일을 행하고 내일 하나의 어려운 일을 행하면 그 지혜가 자연히 견고해진다……."

온몸이 으슬으슬하고 이마 위에는 땀이 조르륵 흘렀지만 어린 세자는 책을 손에서 놓지 않았습니다.

세자가 책에 푹 빠지게 된 데는 다 이유가 있었습니다. 세자의 아버지인 태종은 왕이 되기 위해 많은 피를 보았습니다. 난을 일으켜 형제들을 죽이기도 했지요. 왕이 된 태종은 지난 잘못을 반성하며 아들들에게 이렇게 당부하곤 했습니다.

"너희들은 무슨 일이 있어도 형제간에 우애롭게 지내야 하느니라. 알겠느냐?"

아버지 말씀대로 세자는 형제들과 사소한 말싸움도 하지 않았습니다. 형제들과 부딪치지 않는 가장 좋은 방법은 바로 궁 안에서 숨죽여 책만 읽는 것이었습니다. 그렇게 무심코 재미를 붙인 책은 외톨이 세자에게 둘도 없는 친구가 되어 주었습니다.

그러던 어느 날이었습니다. 책을 읽느라 몇 날 며칠을 뜬눈으로 지새운 세자는 아버지인 태종 임금에게 아침 인사를 드리러 가다가 그만 쓰러지고 말았습니다.

세자가 쓰러졌다는 소식을 들은 태종은 그 자리에서 벌떡 일어나 버선발로 세자궁을 향해 달려갔습니다.

"어의, 세자가 왜 이리 병약해진 것이오?"

세자의 진맥을 살피던 어의가 주저하며 대답했습니다.

"요 근래 책을 읽으시느라 몇 날 밤을 주무시지 않고 지새우셨다 하옵니다. 그 바람에 기력이 쇠하시어……"

"여봐라, 지금 당장 세자궁에 가득한 이 책들을 모두 치워라!"

어의의 말이 끝나기가 무섭게 태종이 역정을 내며 명했습니다. 세자궁 구석구석을 뒤져 찾아낸 책들은 한 수레에 가득 실어도 모자랄 만큼 많았습니다. 태종은 산처럼 쌓인 책들을 쳐다보다가 그만 껄껄껄 웃음을 터뜨렸습니다.

"이 녀석이 책 욕심 하나는 임금감이구나, 허허!"

얼마 뒤 기운을 차린 세자는 이리저리 책을 찾았으나 세자궁 어디에도 책 먼지 하나 보이지 않았습니다. 그렇게 몇 날을 책 없이 보낸 세자는 몸도 마음도 근질근질해서 견딜 수가 없었습니다.

'책을 한 줄도 읽지 못하니 답답하구나!'

그러던 어느 날, 쓸쓸한 마음으로 이불 속에 몸을 누이던 세자는 병풍 뒤편에 삐죽이 튀어나온 책 귀퉁이를 발견했습니다. 벌떡 일어나 병풍을 젖혀 보니 얼마 전 읽다 숨겨 둔 책 한 권이 나왔습니다. 세자는 뛸 듯이 기뻤습니다. 세자는 그날부터 아버지 태종 몰래 밤마다 그 책을 읽었습니다. 다 읽으면 또 펼쳐 읽고, 다시 읽고…… 수백 번을 넘게 읽었지만 책은 골 깊은 우물처럼 날마다 새롭기만 했습니다. 이 못 말리는 책벌레 세자가 훗날 세종 대왕이 될 '이도'였습니다.

백성들도 책을 읽을 수 있다면

"집현전에는 없는 책이 없다면서요? 게다가 집현전 학자들은 하루 종일 책만 볼 수 있다던데……."

"암, 집현전이야말로 극락이지, 극락이야!"

오랜 세월 꽁꽁 닫혀 있던 왕실 학문 기관 집현전이 활짝 열렸습니다. 임금이 된 세종은 신하들이 궁궐 안에만 매이지 않고 더 넓은 세상을 볼 수 있기를 바랐습니다. 그래서 집현전을 열어 세상을 향한 창이 되어 줄 귀한 책들을 신하들에게 베푼 것입니다.

세종은 집현전을 여는 것에 그치지 않고 책을 만드는 주자소를 통해 백성들을 위한 책도 찍어 냈습니다. 양반뿐 아니라 조선 백성 누구나 책을 읽고 세상을 깨쳐야 한다고 생각했기 때문입니다.

"대체 뭐라고 적혀 있는 거여? 여기 글 읽을 줄 아는 놈

없어?"

"꼬부랑 구부렁 뭔 소린지 모르겠구먼!"

농사를 짓던 백성들이 관아에 몰려들었습니다. 세종이 농사일을 돕기 위해 온 고을에 보급한 책을 구경하기 위해서였습니다. 그러나 까막눈인 백성들은 책 속에 빽빽이 들어찬 한자를 한 글자도 읽을 수가 없었습니다.

"전하, 백성들이 글을 몰라 책은커녕 관아에 나붙는 방조차 읽지 못해 고초를 겪는다 하옵니다."

잠행을 보냈던 어사가 백성들의 형편을 살피고 와서 세종에게 전했습니다. 세종은 몽둥이로 머리를 쾅 얻어맞은 듯했습니다. 많은 책을 찍어 내기에만 바빠서 대부분의 백성들이 어려운 한자를 모른다는 사실을 까맣게 잊은 것입니다.

세종은 가슴이 무너지는 것 같았습니다. 백성들의 삶을 헤아리지도 못하면서 임금의 자리에 앉아 있는 자신이 부끄러워 얼굴이 달아올랐습니다.

'백성들이 쉽게 배울 수 있는 글자를 만들어야겠다!'

그날로 세종은 집현전 학자들을 모아 머리를 맞댔습니다. 세상에 없던 새로운 글자를 만들기로 한 것입니다.

"전하, 옥체를 돌보소서! 아무리 백성을 위한 일이라 한들 전하께서 건강을 잃으시면 무슨 소용이 있겠습니까?"

　세종은 정사를 돌보면서도 몸을 아끼지 않고 글자를 만드는 일에 힘을 쏟았습니다. 그 바람에 세종의 몸은 어느 한구석 성한 데가 없었습니다. 신하들과 학자들은 세종의 열정에 혀를 내둘렀습니다.

　1446년, 세종은 비로소 백성들을 위한 새로운 글자를 반포했습니다. 백성을 가르치는 바른 소리, '훈민정음'이었습니다. 비로소 조선 백성 누구나 책을 통해 세상 구석구석의 이야기와 지식을 누릴 수 있게 된 것입니다! 책벌레 세종 대왕이 한평생 심은 책 씨앗이 비로소 그 열매를 맺게 된 순간이었습니다.

궁금해요, 세종 대왕!

Q 세종 대왕님이 가장 좋아하는 책은 무엇인가요?

책이라면 다 좋지만 무엇보다도 역사책을 가장 많이 읽었단다. 그 중에도 『좌전』은 어려서부터 수백 번은 더 읽었지. 중국 춘추 전국 시대의 역사를 기록한 책이야. 어지러운 세상과 나라를 바로잡는 법을 이 책에서 배웠단다.

Q 왜 훈민정음을 만드셨나요?

내가 조선을 다스리던 시절, 우리나라에는 글자가 없어 중국의 한자를 사용했단다. 한자는 글자 수가 수만 자에 이르는 데다 우리말과 소리도 달라서 백성들은 쉽게 책을 읽을 수가 없었어. 그래서 28자모로 된 훈민정음을 만들어 더 많은 백성들이 책 읽는 즐거움을 누릴 수 있게 했단다.

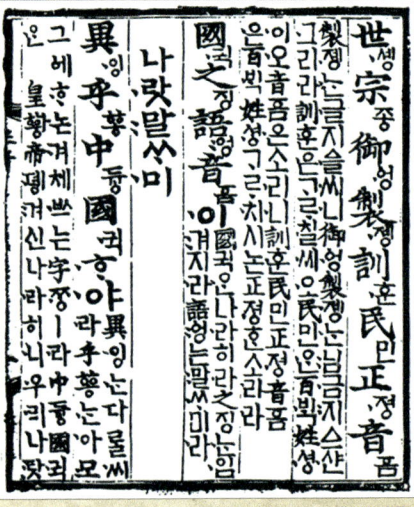

훈민정음

왕실의 독서 이야기

✽ 책 탑이 하늘에 닿을라!
책 수집가 고려 충선왕 (1275~1325)

고려의 임금이었던 충선왕은 먼 중국 땅까지 이름을 떨친 책 수집가였습니다. 왕위에서 물러나 원나라에 머무르던 충선왕은 자신의 서재에 진기한 책을 가득 쌓아 두고 '만권당(萬卷堂)'이라는 이름을 지었어요. 만권당이란 '만 권의 책이 모인 서재'라는 뜻이에요.

✽ 책으로 외로움을 달래다
왕실 여성을 위해 책을 지은 소혜 왕후 (1437~1504)

조선 7대 임금인 세조의 맏며느리였던 소혜 왕후는 어린 나이에 남편을 잃었습니다. 홀로 왕궁 안에서 여생을 보내야 했던 소혜 왕후를 위로한 것은 바로 책이었습니다. 외로움과 슬픔을 독서로 달랜 소혜 왕후는 왕실의 여성들이 쉽게 읽을 수 있는 책들을 직접 쓰기도 했습니다.

✽ 할아버지의 독서 훈련
독서 대왕, 정조 (1752~1800)

정조는 할아버지 영조에게 특별한 독서 수업을 받으며 자랐습니다. 매일 책을 얼마나 읽을지 계획을 세우고, 많은 책을 읽기보다 좋은 책 한 권을 여러 번 읽었습니다. 독서가 끝나면 꼭 자신의 의견을 메모하여 독서 기록을 남기기도 했지요.

영조 대왕 어진

책 속에서 만난 스승
신사임당 (1504-1551)

강릉에서 태어난 신사임당은 덕망 높은 선비인 외할아버지 손에 길러졌습니다. 남존여비 사상이 팽배한 조선 시대에 개방적인 가정에서 마음껏 책을 읽으며 자란 신사임당은 학문과 시에 능했고 그림에도 무척 뛰어났습니다. 조선 최고의 유학자 율곡 이이의 어머니이기도 한 신사임당은 오늘날 온 국민의 존경을 받으며 5만원권 지폐에 새겨졌습니다.

책에서 스승을 만나다

"인선이는 바느질 안 하고 어디 갔니?"

"아침부터 서재에 가서 책 읽고 있어요."

인선이는 하루 종일 동에 번쩍 서에 번쩍 가만있지를 못했습니다. 한참 만에야 찾아내면, 인선이는 외할아버지와 별당에서 붓을 놀리고 있거나 서재에서 책을 읽고 있었습니다.

인선이는 강릉에서 나고 자랐습니다. 인선이는 비록 여자 아이였지만 강릉 앞바다의 파도처럼 대담하고 거침없었습니다. 인선이에겐 언니와 세 명의 여동생이 있었습니다. 어린 나이에도 조신하고 어른스러운 자매들과 달리, 그 가운데 낀 인선은 톡 튀어나온 꼭짓점처럼 유달리 씩씩했습니다.

"계집애가 만날 책이나 읽어서 어디다 쓰냐?"

"너한테 장가들 남자는 고생길이 훤하다, 훤해!"

동네 사내아이들은 책을 들고 동분서주하는 인선이와 마주칠 때마다 이렇게 놀렸습니다. 어느 날 머리끝까지 화가 난 인선이는 눈물까지 찔끔거리며 집으로 돌아왔습니다. 외할아버지는 헐레벌떡 달려와 인선이를 얼렀습니다.

"아니, 인선아. 무슨 일이냐? 사내놈들이 또 놀리더냐?"

인선이는 좀처럼 화가 가라앉지 않는지 씩씩거리며 고개를 끄덕였습니다. 할아버지는 인선이 볼에 흐른 눈물을 닦아 주며 말했습니다.

"사내든 계집이든 책을 읽고 자신을 바로 세워야 하는 게 인지상정이니라. 괘념치 말고 계속 책을 가까이하여라."

잠자리에 누운 인선이의 귓가에는 동네 사람들이 낄낄거리던 소리가 여전히 맴돌았습니다. 하지만 그보다도 인선이의 마음을 흔든 것은 외할아버지의 한마디였습니다.

'그래, 책은 자신을 바로 세우기 위해 읽는 것이구나!'

 인선이는 지금껏 재미로만 책을 읽었던 제 모습을 떠올리며 볼을 붉혔습니다. 그때부터 인선이는 오기 반 설렘 반으로 책에 파고들기 시작했습니다. 이웃들의 비웃음이 쏙 들어가도록 언니 동생들과 함께 열심히 집안일을 돕는 것도 잊지 않았습니다. 그 와중에도 인선이의 손에는 언제나 책이 들려 있었습니다.
 "어머니! 제 호를 정했어요!"
 서재에서 뛰쳐나온 인선이는 그대로 어머니에게 달려갔습니다. 인선이는 손에 든 책을 펼쳐서 어머니에게 보여 주었

습니다.

"저는 이다음에 꼭 태임 같은 사람이 될 거예요. 그래서 제 호도 '사임당'이라고 지을까 해요."

책에는 중국 주나라 문왕의 어머니 태임의 이야기가 적혀 있었습니다. 태임은 자신을 세우고 아들을 바르게 키우기 위해 좋은 것만을 보고 듣고 느꼈습니다. 나쁜 소리와 광경들은 철저하게 피해 자신을 지킨 태임은 후대에도 그 지혜와 현덕을 칭송받았습니다. 인선이는 책 속 태임을 인생의 스승으로 삼기로 하고 '스승사(仕)'에 태임의 '임(任)' 자를 붙여 '사임당'이라는 호를 지었습니다. 책 속에서 스승을 만난 인선이가 바로 조선 최고의 화가이자 시인이었던 '신사임당'입니다.

남을 앞서기 위해 책을 읽느냐?

사임당은 열아홉의 나이에 한양에 사는 선비 이원수와 혼례를 올렸습니다. 태임을 닮겠다던 다짐 덕분인지 사임당은 일곱 아이들의 훌륭한 어머니이자 마음이 잘 맞는 벗과 같은 아내가 되었습니다.

한양 삼청동의 이 씨 일가 일곱 아이들은 모두 지혜롭고 똑똑해 어버이인 사임당과 이원수뿐 아니라 온 고을 사람들에게 사랑을 받았습니다. 그중 셋째 아들인 이이는 다른 형제들보다도 사임당을 꼭 닮았습니다. 유난히 책을 좋아한 이이는 하루 종일 어머니를 따라다니며 함께 책을 읽고 어머니의 어려운 책도 넘보았습니다.

어느 날 사임당의 셋째 아들인 이이가 서당에서 돌아와 들뜬 목소리로 자랑했습니다.

"어머니, 저 오늘도 훈장님께 칭찬을 들었어요. 게다가 친구들은 아직도 『소학』을 읽는데 저는 이제 『중용』을 읽고 있어요!"

그런데 사임당은 칭찬은커녕 도리어 엄한 목소리로 아들을 꾸중했습니다.

"이 어미가 너에게 사람들과 겨루라고 책을 읽으라 했느냐?"

칭찬을 들을 줄로만 알았던 이이는 뾰로통하게 고개를 저었습니다.

"책에 든 선인들의 말씀과 지혜를 실천하지 않는다면 아무리 어려운 책을 읽어도, 아무리 많은 책을 읽는다 해도 소용이 없단다."

사임당은 이이에게 서당 아이들이 가장 처음 읽는 책인 『명심보감』을 가져오라고 했습니다. 이이는 이미 몇 년 전에 뗀 책이었습니다.

"종이 위에 한 줄씩 베껴 적어라."

'다섯 살 때 이미 뗀 책인데……'

이이는 어머니의 뜻을 헤아릴 수는 없었지만 말없이 종이 위에 『명심보감』을 옮겼습니다. 다음 날 이이는 깜짝 놀랐습니다. 집 안 구석구석에 어젯밤 적은 구절들이 붙어 있었던 것입니다. 거울 위에는 '밝은 거울로는 얼굴을 살필 수 있고, 지나간 일로는 현재를 알 수 있다.'라는 구절이, 아버지의 사랑채 문지방에는 '어버이의 은혜를 갚고자 한다면 넓은 하늘도 끝이 없네.' 같은 구절이 붙어 있었습니다.

이이의 볼이 점점 붉어졌습니다. 그제야 이이는 어머니의 말씀을 이해할 수 있었습니다. 그 쉬운『명심보감』조차 제 것으로 만들지 못한 채 거들먹거렸음을 깨달았기 때문입니다. 이이는 그날부터 책을 많이 읽는 것, 빨리 읽는 것을 자랑하지 않고 한 구절 한 구절 책 속의 교훈을 실천하는 데 힘을 쏟았습니다.

"허허, 그 어머니에 그 아들이구나."

이원수는 밤이 늦도록 사임당의 안채와 아들 이이의 방에 불이 꺼지지 않는 것을 보고 흐뭇하게 혼잣말을 했습니다.

몸이 약했던 사임당은 이이가 고작 열여섯 살 때 세상을 떠났습니다. 이이는 평생 어머니의 독서 유산을 가슴에 품고 학문에 매진했고, 그의 이름은 오늘날까지 존경받는 조선 최고의 유학자로 남아 있습니다.

궁금해요, 신사임당!

Q 왜 조선 시대 여성은 책을 읽기가 어려웠나요?

신사임당 초상

유교 사상이 뿌리를 내린 조선에서 여성이 책을 읽고 학문을 한다는 건 꿈도 꿀 수 없는 일이었단다. 게다가 조선의 여성들은 하루 종일 집안일과 아이들을 돌보느라 어려운 한자를 배울 시간이 없었어. 그러니 책은 그림의 떡과 같았지.

Q 저도 책 속에서 스승을 만나고 싶어요.

나는 어려서 역사책에서 만난 중국 주나라 문왕의 어머니 '태임'을 스승으로 삼았단다. 사실 이 세상 모든 책들이 다 스승이란다. 책 속에는 배워야 할 것들이 무궁무진하거든. 지금 옆에 있는 책을 펼쳐 보렴. 무슨 책이든지 너에게 좋은 선생님이 되어 줄 거야.

조선의 책벌레 여성들

✽ 비운의 천재 시인
허난설헌 (1563~1589)

『홍길동전』의 작가 허균의 누이인 허난설헌은 어려서 남자 형제들과 함께 책을 읽고 학문을 쌓았습니다. 여덟 살 때 시를 짓기 시작한 허난설헌은 신동으로 주목을 받았지만 스물일곱이라는 꽃다운 나이에 세상을 떠났습니다. 그녀가 남긴 시들은 이후 세상에 알려져 조선을 넘어 중국과 일본에서도 큰 찬사를 받았습니다.

허난설헌이 그린 〈앙간비금도〉

✽ 여성 백과사전을 지은 최초의 여성 실학자
빙허각 이씨 (1759~1824)

빙허각 이씨는 1759년, 명문가의 딸로 태어났습니다. 아버지의 무릎에서 『소학』을 읽으며 자란 이씨는 어려서부터 많은 책을 읽고 우리나라 최초의 여성 실학자로 이름을 날렸습니다. 혼인을 한 뒤에도 집안일을 하는 틈틈이 책을 읽으며 자신의 생각을 기록해 여성 백과사전 『규합총서』를 남겼습니다.

✽ 책을 타고 세상을 탐방한 모험가
김금원 (1817~?)

1817년 양반가의 서녀로 태어난 김금원은 신분과 성별의 한계를 뛰어넘어 조선 팔도를 자유로이 유람했습니다. 열네 살 때 금강산에 가기 위해 많은 책을 읽은 다음 집을 나섰고, 이후 여성 문인들의 모임을 만들어 시를 짓고 책과 노닐었습니다. 김금원은 전국 유람기를 담은 『호동서락기』와 많은 시를 남겼습니다.

집을 도서관으로 만든 책 사냥꾼
유희춘(1513-1577)

미암 유희춘은 1513년 해남에서 태어났습니다. 간신들의 모함으로 제주도와 함경도에서 긴 유배 생활을 했습니다. 유희춘은 유배지에서도 독서를 멈추지 않고, 지방 선비들을 가르치며 학문을 닦았습니다. 그가 10여 년 동안 쓴 방대한 일기, 『미암일기』에는 그가 읽고 모은 귀한 책들이 기록되어 있습니다.

온 조선의 책은 다 내 거

"그 책, 부디 나에게 팔게나!"

책방에 들이닥친 나이 든 선비가 다짜고짜 책 장수에게 매달렸습니다. 이골이 난 책 장수는 두 손을 휘이휘이 흔들며 사정했습니다.

"나리, 이번만은 안 됩니다. 영의정 대감께서 일찍이 맡아 두신 책이란 말입니다!"

요란한 실랑이는 해가 떨어질 때까지 이어졌습니다. 그 소리에 지나가던 사람들이 혀를 끌끌 찼습니다.

"또 유희춘 대감이 왔나 보구먼!"

"조금 있으면 한양 안에 있는 책이란 책은 다 사라질 게야, 하하!"

"어디 한양뿐인가? 온 조선의 책은 다 대감 것이지."

책방 안을 기웃거리며 떠들던 사람들은 유희춘이 벌컥 문을 열고 나오자 혼비백산하여 흩어졌습니다. 유희춘은 책방을 나서며 씩씩거렸습니다.

"내 다시 여기서 책을 사나 봐라!"

한양에서 유희춘을 모르는 사람은 아무도 없었습니다. 학식이 높고 깊기로도 유명했지만, 그보다는 한양 최고의 책 사냥꾼으로 이름을 날렸습니다. 그는 한번 구미가 당기면 한양 구석구석, 아니 조선 팔도를 뒤져서라도 원하는 책을 손에 꼭 넣었습니다.

어느 날, 그는 집에 쌓인 수많은 책들을 정리하기로 마음먹었습니다. 다락방에 보관했던 책들을 모두 마당에 꺼내어 보니 그야말로 산더미처럼 쌓였습니다. 하인들은 땀을 뻘뻘 흘리며 혀를 내둘렀습니다.

"이게 사람 사는 집인가, 책 곳간이지!"

유희춘은 마당에 산처럼 쌓아 놓은 책 무더기를 이리저리 들추며 꼼꼼히 책 목록을 적었습니다. 평생을 바쳐 모은 귀한 책들을 보자니 밥을 안 먹어도 배가 부른 것 같았습니다.

'『논어』 일곱 권은 임금님께서 하사하신 것이고……『동국통감』 쉰여섯 권은 전주 이 대감 댁에서 빌려 베꼈고, 『동문선』 일백쉰여섯 권은 책쾌를 시켜 온 나라를 뒤져 모았지. 그리고…….'

하루 종일 정리한 목록을 살펴보니 모두 사천 권 가까이 되었습니다. 그런데 유희춘의 얼굴이 깜깜해졌습니다. 하인들은 또 무슨 일일까 긴장하며 주인의 안색을 살폈습니다.

"그러고 보니 『사문유취』만큼은 구하지 못하였구나."

"나리, 여기 쌓인 책들이 보이지 않으십니까? 그새 또 다른 책을 찾으시다니요!"

하인들의 만류에 유희춘은 나무라듯 대답했습니다.

"내가 책을 모으는 것은 소유욕 때문이 아니네. 좋은 책을

읽는 것은 좋은 사람을 만나는 것과 같은데, 나는 더 많은 사람들을 만나 그들의 생각을 읽고 싶네. 그러니 어찌 책 욕심이 나지 않을 수 있겠는가?"

하인들은 못 말리는 주인 앞에 고개를 가로저었습니다. 유희춘은 수소문 끝에 중국 북경에 사신으로 떠나는 이정서를 설득해 모두 이백서른여섯 권이나 되는 『사문유취』를 사 올 것을 부탁하고 미리 값을 치렀습니다. 몇 달 뒤에야 꿈에 그리던 『사문유취』를 손에 넣은 유희춘은 그제야 두 다리를 쭉 뻗고 잠에 들 수 있었습니다.

임금님을 공부시킨 책벌레

1567년, 조선의 13대 임금 명종이 물러나고 선조가 새로운 임금으로 추대되었습니다. 궁궐에서는 성대한 즉위식이 열렸습니다. 보좌에 앉은 선조가 고개를 조아린 신료들 앞에서 말했습니다.

"짐이 책을 잡고 어엿한 왕이 되려고 마음먹은 데는 유희춘의 공로가 크다. 어서 유배 가 있는 유희춘을 불러오너라!"

"명을 받들겠나이다."

신료들이 한목소리로 대답했습니다. 어린 시절, 선조는 책이라면 몸서리를 치던 개구쟁이 왕자였습니다. 그러나 책벌레 스승 유희춘을 만난 뒤 선조는 180도 달라졌습니다.

"스승님, 어제 들려주신 『사기』를 더 읽어 주십시오."

"항우와 유방 이야기 말씀이시지요? 어디까지 했더라……."

유희춘은 수많은 책 속에서 읽은 광활한 역사와 훌륭한 임금들의 이야기를 들려주었습니다.

선조는 그때부터 책의 재미를 깨닫고 스승을 따라 어딜 가나 책을 쥐고 다니게 되었습니다.

유희춘은 명종 대에 간신배들에 맞서 바른 뜻을 굽히지 않다가 정적들의 모함으로 제주도에 유배를 가 있었습니다. 선조는 왕이 되자마자 유희춘을 한양으로 불러들이고 관직을 내주었습니다.

"그래, 유배지에서 고초가 심하지 않았는가?"

걱정 어린 선조의 물음에 유희춘은 머리를 긁적이며 답했습니다.

"소신, 제주에서 미뤄 두었던 책들을 읽느라 세월이 가는 줄도 몰랐사옵니다."

그 말에 선조는 껄껄 웃으며 무릎을 쳤습니다.

"유배를 가 고생을 하고 있을 줄 알았더니 맘 편히 휴가를 즐기고 왔구려!"

선조는 유희춘에게 하고 싶은 일이 있는지 물었습니다. 긴 유배 생활로 퀭한 유희춘의 얼굴에 한 줄기 빛이 들었습니다.

"그동안 많은 책을 읽으며 여러 오류들을 발견하였습니다. 소신에게 시간을 주신다면 그 책들을 바로잡아 새로 편찬하고 싶습니다."

이후 유희춘은 임금 선조의 전폭적인 지원 아래 이미 편찬된 책들의 오류를 바로잡고 새로이 찍어 냈습니다. 그가 고친 『주자대전』은 조선 선비들의 영원한 고전으로 자리 잡았고, 그가 남긴 우리 역사 최대의 독서 일기인 『미암일기』는 소중한 자료가 되었습니다.

금해요, 희춘!

Q 왜 그렇게 책을 많이 모으셨나요?

너희들에게도 뭔가를 모으는 취미가 있지 않니? 딱지나 스티커 같은 것 말이야. 나는 책이 좋아 책을 모았을 뿐이란다. 책을 읽고 있으면 마음을 터놓을 좋은 친구를 만난 기분이 들거든. 하지만 무작정 많은 책을 모은다고 좋은 건 아니란다. 한 권의 책이라도 제대로 읽고 이해하는 게 먼저지.

Q 어떻게 3천 권이 넘는 책을 모을 수 있었나요?

조선 시대에 책을 모으는 데는 여러 가지 방법이 있었단다. 친구에게 책을 빌려 한 글자씩 베껴 책을 만들기도 했고, 운이 좋으면 임금님께 귀한 책을 하사받기도 했지. 또, 중국에 가는 사신들을 통해 우리나라에 없는 진기한 책들을 주문하기도 했어.

 조선 시대에도 서점이 있었나요?

＊조선 시대의 책방 '서사'
조선에서는 책을 만들고 파는 일을 나라가 직접 감독하고 통제했

습니다. 하지만 책을 필요로 하는 사람이 많아지자 조심스럽게 민간 서점, 즉 '서사'가 생겨났습니다. 조선 영조 시대, 오늘날의 서울 서소문에는 '약계책방'이 있었고 남원에는 '박고서사'라는 서사가 있었답니다.

＊책 대여점 '세책방'

사실 옛날에는 직접 책을 살 수 있는 서사보다 싼 값에 책을 빌려 읽을 수 있는 세책방이 인기를 끌었습니다. 18세기에 등장한 세책방은 오늘날의 책 대여점과 비슷합니다. 세책방에서 책을 빌리는 사람들은 값비싼 책을 소유할 수 없었던 서민들이 대다수였습니다.

약계책방이 있었던 조선 시대 서소문 모습 (1880년대 추정)

소설과 사랑에 빠진 소년
허 균 (1569-1618)

허균은 조선의 정치가로, 스물여섯 살의 젊은 나이에 과거에 급제하여 벼슬길에 나섰습니다. 허균은 어려서부터 글재주가 뛰어났고, 당대 조선의 현실에 비판적인 시각을 갖고 있었습니다. 평소 소설책을 즐겨 읽었던 허균은 영웅 소설 『홍길동전』을 지어 조선 사회의 신분 차별과 탐관오리의 부패를 날카롭게 꼬집었습니다.

수호지 소년, 허균

"균아! 어제 삼 권은 다 읽었니? 어땠어?"

"응, 송강이 나쁜 벼슬아치들을 제대로 혼쭐냈어!"

이른 아침 향교에 도착한 허균에게 친구들이 몰려들었습니다. 허균은 지루한 『대학』이 든 책보는 아무 데나 던져두고 팔을 이리저리 휘저으며 어젯밤 읽은 『수호지』 이야기를 구구절절 친구들에게 들려주었습니다.

"송강이 그 간사한 관리 놈 이마를 팍 때리는데, 글쎄……."

친구들은 허균 주위에 둘러앉아 "우아!" 탄성을 지르며 귀를 기울였습니다. 허균이 들려주는 의적과 영웅들의 이야기에 빨려든 친구들은 주인공이 위기에 맞닥뜨리면 울상을 짓고 용감하게 적을 무찌르면 펄쩍펄쩍 뛰며 환호했습니다.

"이놈들, 또 허황된 이야기에 정신이 팔려 있구나!"

한창 이야기가 절정으로 치닫던 순간, 스승님이 나타나 호통을 쳤습니다. 친구들은 혼비백산해서 명륜당으로 뛰어 들

어가고 스승님 앞에는 허균만 덩그러니 남았습니다.

"허균 이놈, 읽으라는 『중용』과 『대학』은 안 읽고 온통 소설로만 머리를 채웠겠다!"

스승님이 얼어붙은 허균의 머리를 부채로 팡 내리쳤습니다.

"아이고! 아픕니다, 스승님!"

허균이 두 손으로 정수리를 문지르며 외쳤습니다. 열다섯 살 허균은 재미도 없고 딱딱하기만 한 유교 경전들이 영 눈에 들어오지 않았습니다. 그보다는 멋진 주인공과 기상천외한 도술이 번뜩이는 '소설'이 훨씬 흥미진진했습니다. 허균은 머리를 두 손으로 가린 채 물었습니다.

"스승님, 소설을 왜 나쁘게만 보십니까?"

스승님은 괘씸하다는 표정으로 언성을 높였습니다.

"그걸 지금 말이라고 하는 것이냐? 소설은 시정잡배들이 지어낸 허무맹랑한 이야기에 불과하다. 이 세상에 존재하지도 않는 도술과 귀신, 소동들로만 가득하니 어찌 선비에게 도움이 되겠느냐? 자고로 공자께서는 괴력난신을 멀리하라 하셨느니라."

가만히 스승님의 말을 듣고 있던 허균이 덥석 끼어들었습니다.

"제아무리 지어낸 이야기라 할지라도 소설 속에는 학문 못지않은 진실이 숨어 있습니다. 유교 경전보다 명쾌하고 속시원하게 세상을 꿰뚫기도 하고요. 공자께서도 『수호지』를 읽으셨다면 분명 칭찬을 하셨을 것입니다!"

"아니, 그래도 이놈이!"

허균의 머리 위로 부채가 또 한 번 날아들었습니다.

"아이고, 아파요, 아파!"

그 사건 이후로 향교 친구들은 놀림 반 존경 반으로 허균을 '송강'이라고 불렀습니다. 송강은 『수호지』의 주인공이자 의적 무리의 우두머리의 이름이었습니다. 그때마다 허균은 어깨가 으쓱했습니다. 허균은 스승님과 향교 선배들의 핀잔에도 당대의 모든 소설을 독파했습니다. 한 권 한 권 소설을 삼키면서, 어린 허균의 가슴속에는 저도 모르는 사이 이름을 알 수 없는 영웅이 자라나고 있었습니다.

가슴속에 자라나는 영웅

허균은 어른이 되어서도 소설책을 놓지 않았습니다. 이제 허균은 소설을 단순히 재미를 위해 읽지 않았습니다. 비뚤어진 세상을 통쾌하게 비판하고 바로잡는 소설 속 영웅들은 허균의 마음을 시원한 동치미 국물처럼 적셔 주었습니다. 그러던 어느 날이었습니다.

"이봐! 이봐, 허균!"

누군가 자신을 부르는 소리에 허균은 이불 속에서 벌떡 일어났습니다. 하지만 방 안에는 허균 외에 아무도 없었습니다. 잠에서 덜 깬 허균은 다시 머리 위로 이불을 뒤집어썼습니다. 어둠 속에서 다시 목소리가 들려왔습니다. 이번에는 더 크게 말입니다.

"허균, 나 좀 꺼내 줘!"

허균은 다시 벌떡 일어났습니다. 도대체 어디에서 들리는 소리인가 가만히 귀를 기울여 보니, 다름 아닌 허균의 가슴속에서 나는 목소리였습니다.

"나는 네 머릿속에 든 영웅이야. 네가 읽은 소설들을 야금

야금 먹으면서 자랐지."

허균은 설레서 가슴이 콩닥거렸습니다.

"영웅이라고? 수호지의 송강처럼 말이야?"

"그래, 나 역시 천한 서출이지만 사람들을 놀라게 할 도술과 의기로 가득해. 활빈당에는 내 의적 친구들도 있고 말이야……."

허균은 밤마다 이름을 알 수 없는 가슴속의 영웅과 신나게 이야기꽃을 피웠습니다. 영웅은 어느새 쑥쑥 자랐습니다. 영웅이 말했습니다.

"허균, 나 이제 세상에 나갈 때가 되었어. 네 글 솜씨로 내 이야기를 책으로 써 줘."

"그래, 좋아. 영웅에겐 멋진 이름이 필요한데…… 널 뭐라고 부를까?"

"음…… 홍길동! 홍길동이 좋겠어."

허균은 홍길동이라는 이름이 무척 마음에 들었습니다. 그는 소매를 걷고 붓을 들어 가슴속에 품었던 홍길동의 이야기를 일필휘지로 써 내려갔습니다. 몇 달 뒤 의적 홍길동의 이야기를 완성한 허균은 책 표지에 『홍길동전』이라고 적고는 흐뭇한 미소를 지었습니다. 이제야 답답했던 가슴이 트이는 것 같았습니다.

'『수호지』를 읽던 내가 꿈을 꾼 것같이 먼 훗날에는 이 『홍길동전』을 읽고 꿈을 꿀 아이들이 생기겠지?'

허균은 그 어느 나라의 영웅도 아닌 '조선의 영웅'을 그리고자 과감히 한자를 버리고 우리글 훈민정음으로 홍길동전을 썼습니다. 덕분에 천한 노비부터 양반까지, 의적 홍길동의 이야기를 즐길 수가 있었습니다.

소설이 너무해!

여러분은 소설을 좋아하나요? 소설은 실제로 일어난 일이 아닌 작가가 지어낸 이야기를 뜻합니다. 멋진 영웅들과 감동적인 이야기로 가득한 소설! 하지만 옛날 양반들은 소설을 '가짜 이야기'라는 이유로 천시하기도 했습니다. 소설을 두고 열띤 토론을 벌이고 있는 '조선 100분 토론' 현장을 찾아가 보죠!

*반대 대표 – 정조 (1752~1800)
"소설은 허황된 이야기에 불과하오. 성현들의 가르침을 읽기에도 모자란 시간에 소설을 읽는 신하들을 보면 한심하기 그지없소. 게다가 소설 속에는 도적질, 폭력, 남녀의 애정 문제만 가득하니 읽는 이의 마음을 어지럽힐 뿐 무슨 도움이 되겠소?"

*찬성 대표 – 허균 (1569~1618)
"소설은 백성들의 힘겨운 인생살이를 적시는 한 모금 냉수와 같습니다. 주인공의 모험과 도전을 함께하며 즐거움과 환희를 느낄 수 있지요. 또한 소설 속에서는 악한 사람은 벌을 받고, 선한 사람은 큰 복을 받습니다. 이 어찌 유교의 덕목과 다르다 할 수 있겠습니까?"

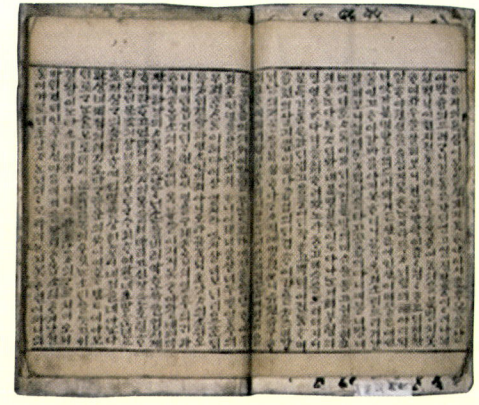

홍길동전

 조상들에게 가장 인기 있었던 소설은?

*수호지

어린 허균이 즐겨 읽던 소설 『수호지』는 중국 명나라 시대에 시내암이 쓴 장편 무협 소설입니다. 산적 송강과 108명의 의적들의 활약이 그려진 수호지는 톡톡 튀는 인물들과 박진감 넘치는 이야기 덕분에 조선에서도 큰 인기를 끌었습니다.

*구운몽

『구운몽』은 조선 후기, 서포 김만중이 어머니를 위해 지은 소설로 당대에 큰 인기를 끌었습니다. 주인공 성진이 꿈 속 세계에서 체험한 일들을 그린 작품입니다. 조선 21대 임금 영조도 『구운몽』에 푹 빠졌다고 하니 조선을 휩쓸었던 『구운몽』의 인기를 짐작할 만 하지요?

김만중 초상

억만 번 책을 읽은 동네 바보

김득신 (1604-1684)

김득신은 1604년, 명문가인 안동 김씨 가문에서 태어났습니다. 김득신은 어릴 적 천연두에 걸린 탓에 또래들보다 배움이 무척 느렸습니다. 그러나 김득신은 아버지의 응원과 지지 아래 공부를 멈추지 않았습니다. 선현들의 책을 반복해서 읽으며 글공부를 이어 나간 그는 스무 살이 되어서야 첫 시를 지었고 쉰아홉의 늦은 나이에 과거에 급제했습니다. 그의 시는 당대 최고의 시로 꼽히며 오늘날까지 전해 내려오고 있습니다.

동네 바보 김득신

"여보, 어제 제가 무슨 꿈을 꿨는지 아세요?"

아침 해가 떠오르자마자 부인이 총총 달려왔습니다. 대단한 꿈이라도 꾼 듯 입이 귀에 걸려 있었습니다.

"무슨 꿈이었기에 이렇게 기분이 좋소?"

"글쎄, 꿈에 노자께서 나오셔서 아이를 점지해 주지 뭐예요? 노자님에 버금갈 똑똑한 아들을 낳을 게 분명해요."

부인은 들뜬 마음으로 동산만큼 불러 온 배를 쓰다듬었습니다. 이윽고 산달에 이르러 부인은 정말 떡두꺼비 같은 아들을 낳았습니다. 부부는 아들에게 '득신'이라는 이름을 지어 주고 귀하게 키웠습니다. 노자의 태몽을 업고 태어난 득신이는 가족들의 기대를 한몸에 받으며 성장했습니다. 하지만 태몽과는 반대로 득신이는 열 살이 넘도록 하늘 천, 땅 지조차 구분하지 못했습니다.

"하늘 천, 땅 지, 검을 현…… 에이, 까먹었네. 다시! 하늘 천, 땅 지……."

『천자문』을 펴 놓고 하루해가 가도록 한 장도 넘기지 못했지만 득신이는 책을 뚫어져라 바라보며 한 글자라도 제대로 외워 보려 몸부림쳤습니다. 그러나 마음처럼 머리가 따라 주지를 않았습니다. 득신이는 결국 다니던 서당에서도 쫓겨나고 말았습니다.

"훈장 노릇 삼십 년에 이렇게 머리 나쁜 녀석은 처음이오. 이 녀석 때문에 도무지 진도를 나갈 수 없으니 그만 데려가시오."

득신이는 어머니의 손을 잡고 서당을 나왔습니다. 신발 위로 눈물이 똑똑 떨어져 축축해졌습니다.

"아버지, 송구스럽습니다. 소자가 우둔하여 가문에 먹칠을 하는 것만 같습니다."

그러나 아버지는 너그러운 목소리로 득신이를 격려해 주었습니다.

"득신아, 이 아비는 네가 배움이 느림에도 포기하지 않는 모습이 대견하기만 하구나. 초조해하지 말고 꾸준히 노력하면 언젠가 너의 때를 만날 것이다."

담 너머로 득신이보다 몇 살은 어린 동네 아이들이 바보 노래를 부르며 지나갔습니다.

"득신이는 바보래요, 바보래요!"

"하늘 천 땅 지도 모르는 글바보래요."

득신이는 두 손으로 귀를 꽉 막고 도리질 쳤습니다.

'그래, 난 정말 바보일지도 몰라. 하지만 낙숫물이 바위를 뚫는다고 하잖아? 몇 년, 아니 몇 십 년 뒤라도 꼭 배움을 이루는 날이 올 거야.'

그날부터 득신이는 귀를 막고 책만 펼쳐 읽었습니다. 그렇게 한 해가 가고 두 해가 가고 어느덧 십 년이 지나 득신이는 스무 살의 청년이 되었습니다. 어느 날 득신이가 댓돌을 딛

고 올라 아버지의 방에 들어갔습니다.

"아버지, 제가 처음 쓴 글입니다. 방금 완성했어요."

득신이는 감격에 겨운 목소리로 말하며 아버지에게 직접 쓴 글을 보여 드렸습니다. 요 근래 아버지는 노환이 들어 앓아누워 있었지만 득신이가 난생처음 글을 썼다는 소리를 듣자 눈을 번쩍 떴습니다.

"어디 보자. 그래, 정말 잘 썼구나!"

사실 아버지는 눈이 어두워 득신의 글을 제대로 읽을 수도 없었습니다. 그러나 아들이 배움의 끈을 놓지 않고 처음으로 제 글을 썼다는 사실만으로도 눈물겨웠습니다.

이토록 득신을 아끼고 지지하던 아버지는 몇 년 뒤 병으로 세상을 떠나고 말았습니다. 득신은 몸의 반쪽을 잃은 듯 가슴이 찢어졌지만 소매에 눈물을 꾹꾹 찍어 닦았습니다.

'슬퍼할 시간에 아버지를 위해 책을 읽자. 포기하지 말고 읽고 또 읽으면서 내 때를 기다리는 거야.'

억만 번 읽은 책들의 서재, '억만재'

동네 바보 득신이가 언제부턴가 보이지 않았습니다. 마을 사람들은 득신이의 '하늘 천 땅 지' 노랫소리가 그리워졌습니다.

"김 도령이 영 이상해졌다면서요?"

"틀어박혀 책만 읽으면서 집 밖으로는 한 발짝도 안 나온다오. 벌써 몇 년짼지 몰라!"

아버지가 돌아가신 뒤 득신이는 책 속에서만 살았습니다. 집에 있는 책을 다 읽으면 이미 읽은 책을 집어 들어 또 읽고 다시 읽기를 반복했습니다. 그러면서 집 밖으로는 코빼기도 비치지 않으니 사람들은 동네 바보가 아버지를 잃은 슬픔에 책에만 빠진 줄 알았습니다. 어머니도 아들이 걱정되기는 마찬가지였습니다. 어머니는 따뜻한 목소리로 득신이를 달랬습니다.

"득신아, 이제 아버지를 마음속에서 놓아 드리렴. 슬픔에 빠져 책만 읽는 건 아버지도 좋아하시지 않으실 게야."

득신이는 활짝 웃으며 말했습니다.

"어머니, 저는 이제 아버지 때문에 책을 읽지 않아요. 음식을 씹고 또 씹어야 제맛이 나듯이 책도 읽고 또 읽어야 제 뜻이 드러난다는 걸 알게 되었거든요."

어머니는 고개를 갸우뚱하더니 물었습니다.

"그럼 왜 집 밖으로 나서지 않는 거니?"

득신이는 빙그레 웃으며 답했습니다.

"조금만 기다려 주세요. 아직 때가 되지 않았어요."

득신이는 해 질 녘이면 지금까지 책을 얼마나 읽었는지 빠짐없이 기록했습니다. 책마다 천 번은 예사고 만 번씩 읽은 것들도 허다했습니다. 특히 득신이는 사마천의 『사기』에 들어 있는 「백이전」이라는 글을 십일만 삼천 번이나 읽을 정도로 좋아했습니다. 당시에는 십만 번이 '억만 번'으로 통했는데, 득신이는 「백이전」을 십만 번 읽던 날 자신의 서재에 '억만재'라는 이름을 짓고는 세상에 출사표를 던졌습니다. 수천 번 수만 번 책 우물을 판 김득신의 내공은 시에서 그 빛을 발했습니다.

"김득신, 자네 시는 근래 제일이네!"

당시 이름을 날리던 문인 이식이 김득신의 시를 읽고는 이렇게 평하자 모두들 "아무렴, 그렇고말고!" 맞장구를 쳤습니다. 하지만 높아만 가는 명성에도 불구하고 김득신의 건망증이 사라진 것은 아니었습니다.

"이보게들, 내가 오늘 귀한 시를 하나 지었네. 들어 보게나!"

어느 날 김득신은 친구들 앞에서 자신이 지은 시를 들려주었습니다. 친구들은 껄껄 웃으며 말했습니다.

"그걸 자네가 지었다고? 그 시는 자네가 주야장천 읽던 두보의 시가 아닌가?"

어느 날은 하인과 길을 가는데 담 너머로 누군가 책 읽는 소리가 들려왔습니다. 가만히 귀를 기울이던 김득신은 고개를 갸우뚱거리며 어물거렸습니다.

"허허, 귀에 익은 글이로다. 어디서 들었더라?"

그러자 곁에 있던 하인이 황당한 얼굴로 말했습니다.

"나리, 저것은 나리께서 억만 번 읽으신 「백이전」이 아닙니까? 소인도 이제는 눈 감고도 「백이전」을 외울 수 있는데 참 못 말리십니다!"

김득신과 하인은 함께 와하하 웃음을 터뜨렸습니다.

그 뒤로도 끝없이 책을 읽으며 억만재를 채워 나간 김득신은 1662년 쉰아홉의 늦은 나이에 과거에 급제했습니다. 그는 말년까지 뛰어난 시인이자 문장가로 이름을 날렸고 1684년 여든한 살의 나이에 세상을 떠났습니다. 그의 묘비에는 이런 글귀가 적혀 있습니다.

'재주가 남만 못하다고 스스로 한계를 짓지 말라. 나보다 어리석고 둔한 사람도 없었지만 결국에는 이룸이 있었다. 모든 것은 힘쓰는 데 달렸을 뿐이다.'

궁금해요, 김득신!

Q 한 책을 만 번 넘게 읽으면 지루하지 않나요?

자랑 하나 해도 될까? 나는 평생 만 번 넘게 읽은 책이 서른여섯 권이나 된단다. 백 번 읽어 이해가 되지 않으면 천 번 읽고, 천 번 읽어 이해가 되지 않으면 만 번을 읽었지. 그러다 보니 책과 친구가 되었고 아무리 읽어도 지루하지가 않았단다. 친한 친구와 매일같이 만나도 늘 즐거운 것처럼 말이야.

Q 과거에 급제한 뒤에도 책을 읽으셨나요?

그럼, 오히려 더 많은 책을 읽었지. 너희들은 시험이 끝나면 책과는 담을 쌓아 버리니? 그래서는 안 돼. 책은 시험을 보기 위해 읽는 게 아니란다. 어른이 되어도 배움에는 끝이 없듯이, 책 또한 언제나 곁에 두고 읽어야 하는 거야.

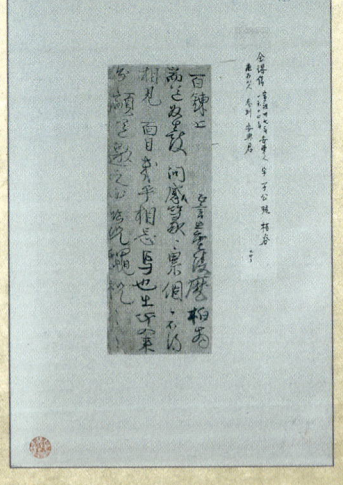

김득신의 서체를 볼 수 있는 간찰

🌸 조상들의 독서 처방

✽ 김득신의 반복법 – 한 책을 여러 번 읽어요!

차는 두 번, 세 번 다시 우릴 때마다 다른 맛이 느껴진다는데 책은 어떨까요? 책 역시 여러 번 읽을 때마다 새로운 뜻을 발견할 수 있답니다. 김득신은 그가 남긴 책 『백곡집』에 일생 동안 책을 읽은 횟수를 기록했는데, 백 번은 기본이고 천 번, 만 번 읽은 책들이 수두룩했습니다. 그중 『사기』의 「백이전」은 11만 3천 번이나 읽었다고 하니 정말 놀랍지요?

✽ 정약용의 초서법 – 중요한 내용을 따로 기록해요!

조선 후기 최고의 실학자이자 문인으로 존경받는 정약용은 책을 읽으며 그때그때 중요한 내용을 따로 적어 놓았습니다. 이것을 이른바 '초서법'이라고 합니다. 또한 그는 책을 읽고 깨달은 점도 함께 기록해서 책 속의 교훈을 오래오래 기억했습니다. 여러분도 당장 독서 노트를 마련해 보세요!

✽ 이이의 숙독법 – 책도 꼭꼭 씹어 읽어야 제맛!

교과서나 어려운 책을 읽을 때, 혹시 이해되지 않는 내용을 건너뛰지는 않나요? 조선 최고의 유학자인 율곡 이이는 책 한 쪽을 읽더라도 그 내용을 완전히 이해하지 않으면 책장을 넘기지 않았다고 합니다. 이렇게 의문이 남지 않을 때까지 책을 꼼꼼히 읽는 방법을 '숙독법'이라고 합니다.

책만 보는 바보

이덕무 (1741-1793)

이덕무는 조선 후기의 유명한 실학자였습니다. 1741년, 양반 가문의 서자로 태어난 이덕무는 어려서부터 수많은 책을 섭렵하며 평생 2만 권이 넘는 책을 읽었습니다. 책을 사랑한 그는 정조 임금의 눈에 띄어 왕실 도서관인 규장각에서 책을 관리하는 검서관에 임명되었습니다. 정조는 그가 죽은 뒤, 사비를 들여 그의 문집 『아정유고』를 직접 출간하기도 했습니다.

덕무는 책밖에 몰라

"덕무야, 어디 있니! 어서 나오렴!"

서울 남산 자락 작은 마을이 발칵 뒤집혔습니다. 어머니가 마을 우물에 다녀온 사이, 다섯 살배기 덕무가 사라진 것입니다. 어머니는 조마조마한 마음으로 아들을 찾아 헤맸습니다. 그러나 아무리 찾아도 아들의 모습은 보이지 않았습니다. 무서운 생각이 들 무렵, 덕무의 친구 하나가 헐레벌떡 뛰어왔습니다.

"아주머니, 덕무 찾았어요!"

소년의 손에 이끌려 다다른 곳은 관아 뒤쪽에 있는 허름한 건물이었습니다. 덕무는 어머니가 온 줄도 모르고 건물 벽에 발려 있는 옛글에 정신이 팔려 있었습니다.

"덕무야!"

"어, 어머니!"

그제야 어머니를 발견한 덕무는 얼굴이 새빨개져서 고개를 들 수가 없었습니다. 어젯밤에도 더 이상 책을 읽지 말라는 어머니의 꾸지람을 들었기 때문입니다. 어머니는 안절부절못하는 덕무에게 다가갔습니다.

"그리도 책 읽는 게 좋니?"

"네."

"아무리 열심히 책을 읽어도 덕무 너는 출신이 미천해서 벼슬길에 나갈 수가 없단다. 그래도 괜찮겠니?"

덕무는 힘차게 고개를 끄덕였습니다. 어머니는 울먹이는 덕무를 꼭 품에 안았습니다. 덕무는 책만 읽을 수 있다면 과거를 치를 수 없어도, 벼슬을 못 해도 상관이 없었습니다. 또래 양반들은 책을 출세를 위한 도구로 여겼지만 덕무에게 책

은 가장 친한 벗이자 스승이었기 때문입니다.

"야, 덕무야! 나와서 놀자!"

작은 방에서 햇빛을 벗 삼아 책을 읽던 덕무는 친구들의 목소리에 벌떡 일어나 창문을 활짝 열었습니다.

"그래, 딱 오시(*11시~13시.)까지만이야!"

덕무는 읽던 책을 다소곳이 정리하고 친구들과 함께 골목을 누볐습니다. 하지만 담벼락에 그려 놓은 해시계가 칠 시를 지나자, 덕무는 친구들에게 인사를 하고 다시 집 안으로 뛰어 들어갔습니다.

덕무의 작고 허름한 방에는 창이 세 개 있었습니다. 덕무는 작은 책상에 책을 올려놓고 해가 저무는 방향을 따라 책상을 옮겨 가며 책을 읽었습니다. 책을 읽다가 이해가 안 되는 대목을 만나면 답답함에 눈물을 글썽였고, 사소한 깨달음이라도 얻으면 온 집안이 떠나가라 까마귀처럼 웃었습니다. 가족들과 친구들은 그런 덕무에게 '책밖에 모르는 바보'라 하여 '간서치'라는 별명을 붙여 주었습니다.

책의 숲, 북경으로

"그래, 능력이 출중한데 그 능력을 발휘할 기회를 얻지 못하는 인재들이 많단 말이지?"

궁궐 안에서 정조 임금이 담헌 홍대용과 차를 나누고 있었습니다. 홍대용이 정조에게 아뢰었습니다.

"예, 전하. 특히 이덕무는 참으로 아까운 인재이지요."

"다른 대신들도 하나같이 이덕무란 자를 칭찬하더군. 듣자 하니 서출이라는 이유로 벼슬을 하지 못하고 있다지?"

정조가 관심을 보이자, 홍대용은 아끼는 제자이자 벗인 이덕무에 대해 이야기했습니다. 가난한 가문에서 태어나 밥 한 끼 제대로 먹지 못하면서도 지금껏 2만 권이 넘는 책을 읽은 것, 언제나 겸손하고 바른 인품으로 모든 사람들에게 칭찬을 받는 것까지……. 정조는 홍대용의 말을 가만히 듣더니 말했습니다.

"흠, 이덕무를 이번 북경 행차에 보좌관으로 보내면 어떻겠소? 책을 그리 많이 읽었다면 북경에 가서 우리 조선에 없는 귀한 책들을 가져올 수 있을 것이오."

몇 달 뒤, 이덕무는 중국 북경으로 향하는 행차에 따라가게 되었습니다. 그는 이 모든 것이 믿기지가 않았습니다. 40년 가까이 아무도 알아주지 않았던 선비 이덕무가 사신들의 일행에 끼여 책의 숲, 북경으로 떠나게 된 것입니다.
　"드디어 세상에 태어나 나의 할 일이 생겼구나! 임금님께서 믿고 맡기신 일이니, 조선에 도움이 될 책들을 꼼꼼히 찾아 들여오자."
　몇 달 만에 도착한 멀고 먼 북경은 이덕무가 늘 꿈에 그리던 모습보다 더욱 거대한 책의 도시였습니다. 거리 이곳저곳에서 커다란 수레에 산더미 같은 책들이 쌓여 오가고, 책 시장에 가득한 인파들은 책 제목과 저자의 이름을 외치며 진귀한 책들을 사고팔았습니다. 번듯한 서사(*서점.) 하나 없이 책쾌가 소매에 넣어 책을 배달하는 조선에서는 상상도 할 수 없는 광경이었습니다. 이덕무는 가슴이 탁 트였습니다.
　이덕무는 꼼꼼히 책 목록을 작성하여 조선에 없는 책들 중 나라에 도움이 될 책들을 가렸습니다. 그리하여 행차 일행이 조선으로 돌아왔을 때, 정조는 이덕무가 가져온 책들을 보고 크게 기뻐하였습니다.

"이덕무는 어명을 받으시오!"

여느 날처럼 허름한 초가에서 책을 읽던 이덕무에게 임금의 명을 전하는 사신이 찾아왔습니다. 이덕무와 가족들은 버선발로 뛰어나와 머리를 조아렸습니다.

'혹시 내가 북경에서 큰 실수라도 한 걸까?'

이덕무는 가슴이 조마조마했습니다. 이윽고 사신이 어명을 소리 내어 읽었습니다.

"이덕무를 규장각 검서관으로 임명하노라."

규장각은 정조 임금이 만든 왕실의 도서관이었습니다. 궁에서 편찬한 귀한 책들과 역사서들이 규장각을 가득 채우고 있었지요. 인생을 바쳐 책을 사랑한 이덕무에게는 보물 창고와도 같은 곳이었습니다. 이덕무는 규장각의 책을 관리하고 펴내는 검서관으로 일하며 행복한 여생을 보냈습니다. 서출이라는 신분조차 막을 수 없었던 이덕무의 책 사랑이 드디어 꽃을 피운 것이었습니다.

궁금해요, 이덕무!

Q 어떻게 2만 권이나 되는 책을 읽으셨나요?

나는 매일 아침 하루 일과를 짰어. 대개가 책을 읽는 시간이었지. 친구들과 신나게 놀다가도 정해진 시간에는 집에 들어와 책을 읽었단다. 내가 책 바보 '간서치'인 걸 알고, 이웃들이 귀한 책들도 많이 빌려 주었지. 너희들도 매일 꾸준히 독서를 하면 나처럼 많은 책을 읽을 수 있을 거야.

Q 규장각에서는 무슨 일을 하셨나요?

나는 서른아홉이라는 늦은 나이에 정조 임금님의 은혜로 규장각 검서관으로 일하게 되었단다. 검서관이란, 책 속의 오류를 바로잡고 왕실에 필요한 새로운 책을 만드는 직책이야. 책이라면 껌뻑 죽는 나에게 안성맞춤인 벼슬이었지.

조선 시대 규장각의 모습
(1910년 이전)

 ## 옛날 아이들은 서당에서 무슨 책을 읽었나요?

* 천자문

오늘날 어린 아이들이 한글을 배우듯, 옛날 서당에서는 한자를 배우기 위해 『천자문』을 읽었습니다. 『천자문』은 제목 그대로 천 개의 한자의 음과 뜻을 익힐 수 있는 한자 교과서입니다. 뿐만 아니라 자연의 이치와 예의범절, 통치자의 도리까지 다루어 서당 아이들의 필독서로 꼽혔답니다.

* 동몽선습

『천자문』을 뗀 뒤에는 예비 선비가 되기 위해 『동몽선습』을 읽었습니다. 조선 시대 현종 대 이후 왕세자 교육용으로 활용되기도 한 이 책은 사람됨과 유학의 기본 원리, 중국과 우리나라의 역사를 담고 있습니다. 단군 시대부터 조선에 이르는 유구한 역사를 다룬 탓에 일제 강점기에는 서당에서 『동몽선습』을 배울 수가 없었습니다.

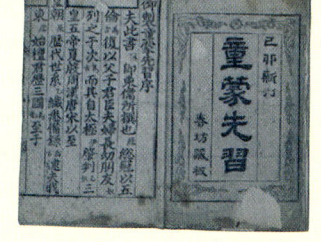
『동몽선습』

* 소학

양반 자제들은 여덟 살 전후가 되면 유학 공부를 위해 『소학』을 읽었습니다. 『소학』은 송나라 시대에 살던 유자징이 스승인 주자의 가르침을 기록한 책입니다. 『소학』은 아이들이 지켜야 할 생활 규칙과 예절을 다룬 책으로, 조선 시대 선비들이 어린이 교육에서 매우 중요하게 여겼던 교재였습니다. 뿐만 아니라 공부의 원칙과 바른 인간관계, 본받아야 할 성현들의 삶도 담겨 있습니다.

조선 시대 서당의 풍경을 그린 김홍도의 〈서당〉, 《단원 풍속도첩》

모든 책은 내 손 안에 있소이다
조신선 (17~?)**

조신선은 조선 후기에 활약한 책 장수였습니다. 보통 '조생'으로 불렸지만 신출귀몰한 그의 행적 때문에 '조신선'이라는 별명이 붙었습니다. 1700년대 중반의 여러 기록에 따르면 조신선은 한양을 누비며 양반들과 여성, 노비 가릴 것 없이 수많은 사람들에게 책을 팔았습니다. 학자들보다 뛰어난 학식을 갖고 있었고, 책에 관해서라면 모르는 것이 없었다고 합니다.

책 파는 붉은 수염 귀신

깜깜하고 고요한 밤, 한양 외곽의 한 주막에는 과거를 보러 올라온 어린 선비들이 하나둘 모여들었습니다. 선비들은 긴 여정에 지친 몸을 뜨끈한 온돌 위에 지지며 이야기꽃을 피웠습니다. 한창 이야기가 무르익을 무렵 방구석에 앉아 있던 나이 든 선비가 운을 떼었습니다.

"자네들 한양에 출몰하는 붉은 수염 귀신 이야기 들어 봤는가?"

그 소리에 선비들은 침을 꼴깍 삼켰습니다. 머릿속에 그려지는 무시무시한 귀신의 모습에 등골이 오싹할 정도였습니다.

"붉은 수염을 휘날리며 한양을 뛰어다니는데, 그 키가 육 척이나 된다네. 품에는 백 권도 넘는 책을 넣고 사람들을 홀리고 다닌다지!"

밤참 상을 거두던 주막 주인도 한마디 거들었습니다.

"오늘 같은 밤이면 술을 마시러 우리 주막을 찾기도 한다네, 허허."

그때 주막 밖에서 저벅저벅 음침한 발소리가 들려왔습니다. 어린 선비들은 머리가 쭈뼛 섰습니다. 발소리가 점점 가까워졌습니다. 그러고는 방문이 쾅 하고 열리더니 달빛을 뒤로하고 무시무시한 그림자가 드리워졌습니다. 붉은 수염을 길게 늘인 붉은 수염 귀신이었습니다!

"으악!"

선비들은 외마디 비명을 지르며 서로 얼싸안았습니다.

"주모, 여기 동동주 한 사발 내오시오! 아니, 이게 누구야? 선비님들이잖아?"

 붉은 수염 귀신의 정체는 한양 최고의 책 장수, 조신선이었습니다. 책을 팔러 한양 구석구석을 동에 번쩍 서에 번쩍 뛰어다니는 그에게 사람들은 '신선'이라는 별명을 지어 주었습니다. 조신선은 잔뜩 겁에 질린 선비들 앞에 책을 꺼내 놓았습니다. 어디에 그렇게 많은 책이 숨어 있었는지, 소매며 허리춤, 두루마기 안에서 수십 권의 책이 쏟아져 나왔습니다.

 "보아하니 이번에 처음 과거를 보러 온 것 같은데 이 책들을 한번 읽어 보시오. 『대학』과 『사서삼경』은 벌써 읽어 보았겠지? 지난해 과거에 출제되었던 『한비자』는 어떻소? 무과에 응시한다면 최고의 병법서 『손자병법』을 내어 드리리다!"

어느새 괴짜 책 장수 조신선에게 사로잡힌 선비들은 눈앞에 펼쳐진 귀한 책들을 구경했습니다.

"여기 『대학』 한 권 주시오."

"아니, 내가 먼저요!"

여기저기서 짤랑짤랑 주머니를 여는 소리가 경쾌하게 들려왔습니다. 조신선이 걸걸한 목소리로 말했습니다.

"하하, 천천히들 구경하시오. 주모, 내 술값은 이 선비들에게 받으시구려."

조신선 고집은 하늘도 못 꺾지

"조신선 왔다 갔소?"

돈을 받고 책을 빌려주는 세책방에 영의정 댁 하인이 달려와 물었습니다.

"꼭두새벽에 벌써 들러 갔습죠. 지금쯤 청계천에 있을 거외다."

"아니, 청계천에는 왜?"

"기생들에게 소설을 팔러 갔지요."

조신선은 해가 밝으면 벌떡 일어나 바지 속, 저고리 속에 책을 잔뜩 집어넣고는 집을 나섰습니다. 아침에는 세책방에 들러 주문한 책을 찾고, 그를 기다리는 고객들을 찾아 하루 종일 후닥닥 뛰어다녔습니다.

"이보게 조신선!"

종로와 청계천을 다 뒤져서 겨우 조신선을 찾아낸 영의정

댁 하인이 그를 불러 세웠습니다. 조신선이 냉큼 달려와 고개를 조아렸습니다.

"영의정 대감 댁 어르신이 아니십니까?"

"자네가 손에 넣었다던 『동국통감』을 우리 대감께서 찾으시네."

조신선이 머리를 긁적이며 말했습니다.

"아이고, 이를 어쩌지요? 벌써 감자골 사는 유 선비께서 사기로 하셨습니다요."

그러자 영의정 댁 하인은 얼굴을 붉히며 조신선을 나무랐습니다.

"뭐야? 임금님 다음 가는 영의정 대감이 명하시는데 그깟 이름 없는 선비 놈이 무에 대수란 말이야?"

하인은 씩씩거리며 팔을 걷었습니다. 와락 달려들어 책 보따리를 뺏으려는 걸 조신선은 냉큼 피했습니다.

"책을 읽는 데 신분이 무슨 상관이란 말입니까? 영의정이 아니라 임금님이라도 못 드립니다."

"아니, 그래도 이놈이!"

그날 조신선은 우락부락한 영의정 댁 하인에게 흠씬 두들겨 맞았습니다. 늦은 저녁 멍든 몸으로 절뚝이며 돌아온 조신선에게 세책방 주인이 물었습니다.

"그러게 순순히 책을 내주지 고집을 부리다가 이런 봉변을 당하는가?"

조신선은 파랗게 멍든 눈가를 문지르며 헤헤 웃었습니다.

"이 나라에 있는 책은 내가 다 읽어 봤는데 말입니다, 이 좋은 걸 양반들만 읽는다는 건 말이 안 된다오. 그래서 나, 책 장수 조신선의 명예를 걸고 책 앞에는 누구나 평등하다는 원칙만은 지키려고 하오."

조신선의 얼굴은 조선 최고의 책 장수라는 자부심으로 반짝이고 있었습니다. 세책방 주인이 웃으며 말했습니다.

"그래, 조신선 고집을 누가 꺾겠나? 하늘도 못 꺾지, 암!"

궁금해요, 조신선!

 책쾌는 무슨 일을 했나요?

요즘 말로 하면 '책 방문 판매원'이라고 할 수 있지. 나는 소매, 바지 할 것 없이 온몸에 책을 품고서 한양을 뛰어다녔어. 조선 시대에는 이렇다 할 서점이 없는 데다 책이란 게 워낙 귀해서 마음대로 책을 접할 수가 없었거든. 나 같은 책쾌가 사람과 책 사이에 다리가 되어 준 거지.

 요즘 초등학생들에게는 무슨 책을 권해 주시겠어요?

너희에게 특별히 권해 주고 싶은 책은 없어. 책이란 그저 손이 가는 대로 읽으면 되는 것이거든. 공부 때문에 어렵고 재미도 없는 책을 붙잡고 있지는 마. 만화책이든 과학책이든 각자 좋아하는 책을 읽으면 돼.

 ## 책에 살고 책에 죽은 조선의 이야기꾼들

＊전기수

전기수는 조선 시대에 글자를 모르는 백성들을 위해 돈을 받고 대신 책을 낭독해 주던 이야기꾼이었습니다. 오늘날에는 누구나 쉽게 책을 읽고 접할 수 있어 전기수라는 직업이 사라졌지만, 불과 1960년대까지도 그 명맥이 이어져왔다고 합니다.

◆ **책 속에서 찾은 전기수**

"전기수는 사람이 많이 모이는 곳에 자리를 잡고 소설을 낭독했다. 특히 흥미로운 대목에 이르면 소리를 그치고 청중들이 돈을 던져 주기를 기다렸다가 낭독을 계속했다." – 조수삼의 『추재집』 중에서

전기수의 모습을 볼 수 있는 김홍도의 그림
〈담배 썰기〉,《단원 풍속도첩》

* **책쾌**

조선 후기에 등장한 '책쾌'는 책을 빌려 주는 세책방이나 개인적으로 책을 주문하는 손님들에게 책을 파는 책 장수였습니다. 책쾌들은 귀한 책을 찾아 팔기 위해 전국을 뛰어다녔습니다. 우리 역사에서 가장 유명한 책쾌는 바로 조신선입니다.

◆ **책 속에서 찾은 책쾌**

"조신선이라는 책쾌는 붉은 수염에 농담을 잘 했고 눈에서는 번쩍거리는 빛이 났다. 책에 대해서라면 모르는 것이 없어서 마치 군자와 같았다." – 정약용의 『여유당전서』 중에서

아버지를 살리려거든 책을 읽어라

정약용 (1762-1836)

조선의 실학을 집대성한 정약용은 1762년에 태어났습니다. 네 살에 천자문을 떼고 일곱 살에는 시를 짓기 시작해 신동으로 이름을 날렸습니다. 젊은 나이에 벼슬길에 나간 그는 언제나 백성을 위한 정치를 펼쳤습니다. 정적들의 모함으로 18년이라는 긴 유배 생활을 해야 했지만 유배지에서도 백성들을 위해 많은 책을 썼습니다.

북한산 책 도령

한양에서 벼슬을 하던 이서구가 어느 날 말을 타고 터벅터벅 귀향길에 올랐습니다. 햇볕이 쨍쨍 내리쬐는 여름날이었습니다. 북한산 자락을 지날 때쯤 말을 끌던 하인이 말했습니다.

"나리, 날이 더운데 저쪽 소나무 그늘에서 쉬었다 가시지요."

이서구는 이마에 맺힌 땀을 닦으며 고개를 끄덕였습니다.

그가 그늘에 앉아 한참 부채질을 하고 있을 때였습니다. 멀찍이서 웬 어린 도령이 말 등에 책 짐을 가득 싣고 다가오고 있었습니다.

"어이구, 저 많은 책들을 갖고 어딜 가는 걸까요?"

하인의 말에 이서구가 혼잣말하듯 대꾸했습니다.

"책 심부름이라도 가는 것 아니겠느냐."

십여 일이 흐른 뒤, 이서구는 고향에서 어머니와 하직하고 다시 한양으로 돌아왔습니다. 그런데 북한산을 지날 무렵, 얼마 전 마주쳤던 그 도령을 다시 마주쳤습니다. 도령의 말 등에는 저번에 싣고 가던 책보다 더 많은 책 짐이 실려 있었습니다. 도령은 말 등을 책에 내주고 아예 말에서 내려 고삐를 끌고 있었습니다. 호기심이 생긴 이서구가 소년을 불러 세웠습니다.

"그 많은 책들을 갖고 어딜 그리 오가느냐?"

소년은 걸음을 멈추고 대답했습니다.

"할머니 댁에서 책을 읽고 돌아가는 길입니다."

가까이서 보니 소년의 눈은 점잖게 반짝였고 얼굴에는 총기가 가득했습니다.

"이 많은 책들을 열흘 만에 다 읽었단 말이냐?"

"예."

이서구는 말 등에 걸친 봇짐에서 책 한 권을 뽑았습니다. 책을 펼쳐 보던 이서구의 눈이 놀라 동그래졌습니다. 수십 권의 책을 열흘 사이에 읽었다기에 기껏해야 서당 학동들이 읽는 『명심보감』이나 『소학』쯤 될 줄 알았는데…….

"아니, 이것들은 『강목』(*294권에 달하는 송나라 때 나온 역사서 『자치통감』을 59권으로 요약한 책.)이 아니더냐? 네가 거짓말을 하고 있구나. 한낱 어린 소년이 쉰아홉 권이나 되는 『강목』을 어찌 열흘 만에 읽는단 말이냐?"

이서구의 목소리가 높아졌습니다. 그러나 소년은 지지 않았습니다.

"그렇게 못 미더우시거든 아무 책이나 뽑아 제게 일러 주시지요. 쉰아홉 권 모두 이미 제 머릿속에 있으니까요."

소년의 당돌한 반응에 이서구는 주춤했습니다. 그는 의심 반 호기심 반으로 소년의 책 짐에서 아무 책이나 골라 들었습니다.

"어디,『강목』세 번째 책을 외워 보거라."

이서구의 말이 떨어지기 무섭게 소년은『강목』의 대목을 술술 읊기 시작했습니다. 놀란 이서구가 책을 펼쳐 보니 머릿속에 책을 통째로 옮겨 놓은 듯 틀리거나 놓치는 부분이 하나도 없었습니다. 이서구는 믿을 수 없다는 듯 고개를 가로저으며 소년을 보내 주었습니다.

십여 년 뒤, 이서구는 궁궐에서 어엿한 청년으로 성장한 그 소년을 다시 만났습니다. 바로 조선 실학의 아버지이자 우리 역사를 통틀어 최고의 책들을 남긴 다산 정약용이었습니다.

두 아들을 일깨운 아버지의 편지

"여보, 미안하오. 내가 없는 동안 가족들을 잘 돌봐 주시오."

정약용이 아내의 손을 꼭 잡으며 당부했습니다. 작별 인사였습니다. 정약용은 이내 포졸들에게 포박을 당해 끌려갔습니다. 유배지로의 머나먼 여정을 떠나게 된 것입니다.

정약용은 말년에 간신들의 모함으로 18년이라는 긴 세월을 유배지에서 보내야 했습니다. 그동안 정약용의 마음에 가장 큰 짐이 되었던 것은 사랑하는 두 아들 학연과 학유였습니다. 아버지 없이 자라야 하는 아들들만 생각하면 정약용은 가슴이 먹먹해졌습니다.

유배지에서 정약용은 두 아들을 위해 무엇을 해야 할지 골

몰했습니다.

'아이들이 읽고 배울 책을 쓰자. 어린 시절 나를 지탱해 준 것도 역시 책이었으니까!'

정약용은 외롭고 고단한 유배 생활 중에 아들들을 떠올리며 온 힘을 다해 책을 썼습니다. 자신이 쓴 책들이 두 아들 곁에서 대신 어버이 노릇을 해 주기를 바라며 열정을 불살랐습니다. 그리하여 정약용은 평생 오백 권이 넘는 책을 썼습니다. 그중 대부분이 유배지에서 쓴 것이었습니다.

어느 날, 아내가 아들들의 소식을 전해 왔습니다. 정약용은 아내의 편지를 읽으며 손이 부들부들 떨렸습니다. 아버지의 유배로 가세가 기울자 두 아들이 낙담하여 책을 가까이하지 않는다는 내용이었습니다. 정약용은 그 자리에서 바로 붓을 들어 아들들에게 절절한 마음이 담긴 편지를 적어 보냈습니다.

'망한 집안의 아들로서 잘 처신하는 방법은 오직 독서밖에 없다. 너희들이 만일 책을 읽지 않는다면 나의 책들은 쓸모가 없게 된다. 나의 책이 쓸모없어지면 나는 열흘도 못 되어 병이 날 것이다. 병이 나면 고칠 약도 없을 것이다. 그러

니 너희들이 독서하는 것이 내 목숨을 살리는 일이 아니겠느냐?'

얼마 후 아버지의 편지를 받은 두 아들은 번개를 맞은 듯 정신이 번쩍 들었습니다. 학연과 학유는 그날로 마음을 다잡고 어려운 살림에도 독서와 글공부를 놓지 않았습니다. 아버지의 정신을 물려받아 백성들을 돕고 농민들의 일을 거드는 것도 잊지 않았습니다.

어느덧 책을 아버지 삼아 어엿한 어른으로 자란 정약용의 두 아들은 '죄인의 아들'이라는 편견을 넘어서서 나라의 큰 일꾼이 될 수 있었습니다.

궁금해요, 정약용!

Q 특별한 독서 원칙이 있다고요?

정약용 초상

나는 책을 읽는 단계를 다섯 가지로 구분한단다. 첫째는 많은 책을 읽는 것이고, 둘째는 마음에 질문을 품고 끊임없이 의문을 갖는 것, 셋째는 그 내용을 신중하게 생각하는 것, 넷째는 옳고 그른 내용을 정확히 분별하는 것, 다섯째는 책에서 배운 교훈을 지조 있게 실천하는 것이지.

Q 책을 오백 권이나 쓰게 된 원동력은 무엇인가요?

나는 언제나 백성들을 위해 살아 왔단다. 오백 권이 넘는 수많은 책을 쓰게 된 것도 모두 백성들이 사람답게 살 수 있는 세상을 만들기 위해서였어. 그래서 『목민심서』같이 백성을 어질게 다스리는 방법을 담은 책들을 주로 지었단다.

책 심은 데 책 난다! - 책벌레 조상들이 쓴 책

✱ 허균이 창조한 슈퍼히어로『홍길동전』

소설에 푹 빠진 소년, 허균을 기억하지요?『홍길동전』은 허균이 지은 한글 영웅 소설입니다. 재상의 아들로 태어났지만 서얼 출신이라는 이유로 멸시와 천대를 받던 홍길동이 뛰어난 무술을 이용해 의적들을 모아 가난한 백성을 구제한다는 이야기를 담고 있습니다. 허균의 애독서였던 중국소설『수호지』의 영향을 많이 받았다고 해요.

✱ 유희춘의 어마어마한 평생 일기『미암일기』

선생님이 숙제로 내 주지 않아도 일기를 쓰는 사람 있나요? 앞서 만나 보았던 책 수집가 유희춘은 독서뿐 아니라 일기 쓰기도 좋아했습니다. 그가 남긴『미암일기』는 조선 시대부터 전해 내려오는 개인의 일기로는 가장 방대한 양을 자랑합니다. 유희춘이 살던 당시의 정치적 상황과 평민들의 일상 등 다양한 생활상이『미암일기』속에 녹아들어 있어 보물 제260호로도 지정되었습니다.

✱ 백성을 사랑한 정약용의『목민심서』

조선 최고의 실학자인 정약용은 백성들을 위해 많은 책을 썼습니다. 그중 최고로 손꼽히는『목민심서』는 그가 유배지에서 지은 책입니다.『목민심서』에는 지방 관리의 부정부패를 없애고, 고을과 백성을 잘 다스리는 방법이 담겨 있습니다. 어진 관리이자 학자였던 정약용의 애민 정신이 잘 나타난 책입니다.

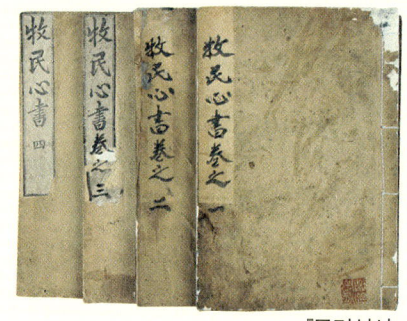

『목민심서』

감옥 안에서 책을 읽은 애국 청년
김구 (1876-1949)

김구는 1876년, 황해도 해주에서 소작농의 아들로 태어났습니다. 당시 일본과 외세의 침략으로 나라가 흔들리자 김구는 동학 운동에 뛰어들어 나라를 구할 방도를 모색했습니다. 을사조약으로 대한제국이 일본의 손아귀에 넘어가자, 중국 상해에 대한민국 임시 정부를 세웠고 뜻을 같이하는 독립투사들과 함께 조국의 독립을 위해 힘썼습니다. 그가 남긴 자서전 『백범일지』는 그의 민족혼이 담긴 영원한 고전으로 남아 있습니다.

양반이 되고 싶어!

젊은 김구의 두 손이 부들부들 떨렸습니다. 아버지는 마루에 앉아 낮에 본 일을 토로하고 있었습니다.

"그래서 그만 말총갓을 빼앗기고 어린 양반 놈들에게 뺨을 맞으셨지 뭐냐!"

김구는 화가 나 벌떡 일어났습니다.

"아버지, 더는 참을 수가 없습니다. 다 같은 사람인데 왜 양반만 귀하고 상민은 천하답니까?"

아버지는 힘없는 목소리로 말했습니다.

"그게 우리 운명인데 어찌하겠느냐? 벼슬을 해 양반이 되면 모를까……."

김구는 양반이 된다는 말에 귀가 번쩍 뜨였습니다. 양반이 되어 사람답게만 살 수 있다면, 김구는 무슨 일이든 할 수 있었습니다.

"벼슬을 하면 양반이 될 수 있습니까?"

"열심히 책을 읽어 과거에 급제하면 상민도 양반이 될 수 있지."

그날부터 김구는 가난한 집안에 얼마 없는 책을 그러모아 악착같이 읽었습니다. 이웃에서 한 권 두 권 빌려 모은 책이 방 한쪽에 가득 쌓여 책 탑이 되었습니다. 김구는 책을 딛고 올라 하루빨리 대접받는 양반이 되고 싶었습니다. 저 혼자 책을 읽는 것으로는 성이 안 찬 김구는 어느 날 마을 서당을 찾았습니다.

"아니, 텃골 사는 상놈이 서당에는 어인 걸음이냐?"

김구보다 한참 어려 보이는 학동들이 건방진 태도로 물었습니다. 윗마을 사는 양반 댁 도령들이었습니다. 김구는 기세에 눌리지 않고 당당하게 말했습니다.

"글공부 하러 왔지, 왜 왔겠냐?"

"아니, 이놈이 어디서 반말이야!"

양반 도령들은 상놈인 김구가 따박따박 말대꾸를 하자 발끈했습니다. 그러고는 김구를 둘러싸고 흠씬 두들겨 팼습니다. 김구는 결국 서당 댓돌도 밟아 보지 못하고 집으로 돌아왔습니다. 온몸에 멍이 들고 입술에서는 피가 났지만 김구는

울음을 꾹 참고 아버지에게 자초지종을 설명했습니다.

"그놈들이 앞으로 서당에는 얼씬도 하지 말라 했단 말이냐?"

김구는 말없이 고개만 끄덕였습니다. 설움에 북받쳐 자꾸만 어깨를 들썩였습니다. 얼마 뒤 김구의 집은 상민 아이들을 위한 서당이 되었습니다. 김구의 아버지가 김 선비를 훈장으로 모셔 와 직접 서당을 차린 것입니다. 김구는 아버지의 배려 아래 학식과 덕망이 높은 훈장님과 마음껏 책을 읽고 공부할 수 있었습니다.

"아버지, 어머니! 다녀오겠습니다."

어느덧 나이가 찬 김구는 행장을 꾸려 서울로 길을 떠났습니다. 꿈에 그리던 과거 시험을 보게 된 것입니다. 가슴 가득 부푼 꿈을 안고 시험장에 들어선 김구는 깜짝 놀랐습니다. 시험장은 온 나라에서 모인 사람들로 가득했습니다. 소매 속에 책을 숨겨 온 자들, 감독관에게 매달려 벼슬을 구걸하는 선비, 무리 지어 좋은 자리를 차지하려 다투는 사람들까지 시장통이 따로 없었습니다. 여기저기서 선비들이 모여 이렇게 떠들었습니다.

"과거에 급제할 자는 이미 정해져 있다지?"

"그래, 암만 책을 파 봐야 소용없어. 윗사람에게 돈을 바쳐야 벼슬이 떨어지지."

김구는 문득 얼마 전 훈장님이 한 말이 떠올랐습니다.

"창암아, 한양에 다녀온 뒤에도 책을 놓으면 아니 된다."

김구는 이제야 훈장님의 말을 이해할 수 있었습니다. 여태껏 양반이 되기 위해, 과거에 급제하기 위해서만 책을 읽은 자신이 부패한 저들과 다름이 없음을 깨달았습니다. 결국 김구는 부끄러움에 고개를 떨어뜨린 채 시험장을 빠져나왔습니다.

감옥에서 만난 책 동무들

훈장님의 말씀대로 김구는 양반이 되리라는 꿈을 포기한 뒤에도 손에서 책을 놓지 않았습니다. 서구 열강과 일본에게 휘둘리며 나라가 무너져 가자 김구는 책 속에서 나라를 구할 방법을 찾았습니다.

'내 한 몸의 출세가 아니라 민족을 이롭게 하기 위해 책을

읽자.'

그러던 어느 날, 1895년, 일본인 자객이 경복궁에 침입해 국모인 명성 황후를 살해한 사건이 일어났습니다. 충격에 빠진 김구는 명성 황후의 복수를 위해 어느 날 일본군 한 명을 죽였습니다. 그런 김구가 일본군의 눈 밖에 나는 것은 당연한 일이었습니다.

"김구, 사회 질서를 어지럽힌 죄로 체포한다!"

어느 날 김구는 일본군에게 체포되어 인천 감옥에 갇히고 말았습니다. 옥에는 강도와 살인, 도둑질을 하다 잡혀 온 부랑배들로 가득했습니다. 시끄럽고 어지러운 감옥 안에서 김구는 앞이 깜깜해지는 것 같았습니다. 절망한 김구를 일으켜 세운 것은 친구들이 사식과 함께 넣어 준 책 『대학』과 김구가 처음 읽은 서양의 책 『태서신사』였습니다.

'서양 사람들은 근본도 없는 야만인들인 줄 알았는데 배울 점도 참 많구나. 이 새로운 문명과 지식을 보라!'

김구는 그날부터 감옥에 갇힌 죄수들을 모아 글을 가르치고 좋은 책을 함께 읽었습니다.

"양반도 상놈도 깨어야 합니다. 힘써 배워 깨우치지 않으

면 나라를 완전히 잃게 됩니다!"

처음에는 어려운 글공부라며 마다하던 죄수들도 김구의 열심과 진심을 보고는 하나둘 책을 잡았습니다. 그러자 어느새 인천 감옥은 감옥이 아닌 학교로 변했습니다. 그 소식을 들은 신문사들은 일제히 책을 읽는 수감자들에 대해 보도했고, 김구의 높은 뜻은 일파만파 온 나라에 퍼지게 되었

습니다.

  이후 책과 배움을 통한 자주 독립을 외쳤던 김구의 꿈은 온 국민들의 가슴에 오롯이 새겨져 훗날 대한 독립의 기틀을 마련했습니다.

궁금해요, 김구!

 감옥에서는 어떤 책을 읽으셨나요?

김구

친구들이 옥중에 있던 내게 『대학』과 『태서신사』를 보내 주었단다. 특히 서양 세계를 소개한 『태서신사』는 조선을 넘어 더 큰 세상을 바라볼 수 있게 해 주었어.

 우리 민족에게 바라는 소원이 있으신가요?

대한 독립의 꿈이 이뤄진 지 60년이 흘렀지만 우리 민족에게는 아직 더 큰 과제가 남아 있단다. 바로 둘로 갈라진 나라를 하나로 만드는 거야. 통일을 위해서는 너희들도 나처럼 많은 책을 읽고 통일 한국의 일꾼이 될 수 있도록 준비해야 한단다.

 ## 나라를 살린 책벌레들

 안창호 (1878~1938)

1878년 평안남도 강서에서 태어났으며 열여섯 살 때 평양에서 일어난 청일전쟁을 목격하고 독립운동의 길을 걸었습니다. 안창호는 책이야말로 나라와 민족을 구할 수 있는 통로라고 생각했습니다. 그래서 안창호가 속해 있던 '신민회'에서는 '태극서관'을 운영하며 책 보급에 힘썼습니다. 이때 안창호는 "책방은 학교다. 책은 선생님이다. 책방은 더 무서운 학교요, 책은 더 무서운 선생님이다."라는 말을 남기며 사람들이 많은 책을 읽고 깨우쳐 독립을 위해 힘쓰기를 기원했습니다.

안창호

* **안중근** (1879~1910)

1909년 러시아 하얼빈에서 국권 침탈의 원흉 이토 히로부미를 사살한 안중근 의사는 어려서부터 책을 사랑했던 꿈 많은 청년이었습니다. '하루라도 책을 읽지 않으면 입안에 가시가 돋는다.'는 글귀를 되뇌며 언제나 책 읽기를 게을리 하지 않은 그는 1910년 3월 26일, 사형 집행 직전에도 손에서 책을 놓지 않았습니다. 사형집행관이 죽기 전에 소원이 있느냐 물었을 때, 안중근은 다른 무엇도 아닌, 책을 마저 읽을 5분의 시간을 청하였습니다.

안중근

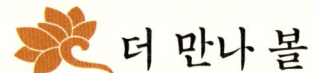 더 만나 볼 책벌레 조상들

책 도둑이라 불리던 선비

김수온(1410~1481)

김수온은 젊은 시절 세종 대왕의 명을 받아 의학 책 『의방유취』를 펴낸 재능 있는 선비였습니다. 게다가 그의 뛰어난 문장은 당시의 대학자 서거정, 강희맹과 견줄 정도였다고 합니다. 김수온 역시 조선에서 이름난 책벌레였습니다. 그는 한번 책을 잡으면 달달 외울 때까지 놓지 않았고, 남에게 책을 빌리면 한 장씩 뜯어 소매 속에 넣고 다니며 읽었다고 합니다. 그래서 그의 친구들은 그에게 빌려준 책을 되돌려 받지 못했고 자연스럽게 '책 도둑'이라는 별명이 붙었습니다. 특히 조선 초 신숙주와의 일화가 유명합니다. 신숙주는 태종 임금이 하사한 『고문선』이란 책을 끔찍이 아꼈는데 김수온이 간청을 해서 빌려줬으나 한 달이 넘도록 돌려주지 않아 책을 찾으러 집에 가보니 귀한 책을 조각조각 뜯어서 벽에 붙여 놓았다고 합니다. 화가 머리끝까지 난 신숙주가 사연을 물으니 김수온은 머리를 긁적이며 "누워서도 책을 읽고 싶어서 그랬네."라고 답했다고 해요.

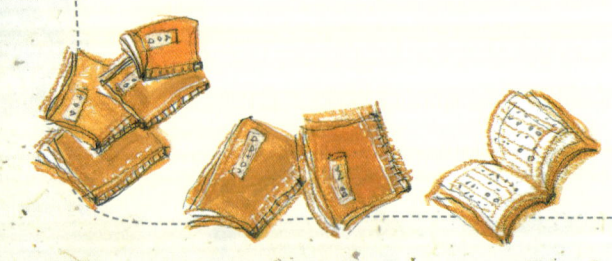

선비가 존경한 책벌레 노비

박인수 (1521~1592)

　조선 시대는 양반과 평민, 노비로 나눠진 엄격한 계급 사회였습니다. 그럼에도 불구하고 온 조선의 선비들이 존경하고 흠모한 노비가 있었으니, 그가 바로 박인수였습니다. 박인수는 높은 벼슬을 지낸 양반의 노비였지만 젊어서부터 책을 읽으며 양반과 선비들에 버금가는 지식을 쌓았습니다. 노비라는 한계 때문에 읽을 수 있는 책은 그리 많지 않았지만, 늘 책에서 읽은 대로 올곧게 행동하고, 예법에 맞지 않으면 행동하지 않았습니다. 또한 박인수는 유교뿐 아니라 불교 서적까지 두루 읽어, 누구와 대화해도 막힘이 없었습니다. 독서와 더불어 음악에도 조예가 깊었던 그는 거문고 실력도 여느 양반 못지않았다고 합니다. 수많은 선비들이 그의 행실과 덕을 칭송했고, 매일 아침 날이 밝기도 전에 수십 명의 제자가 찾아와 마당에 늘어서서 그에게 절을 올렸습니다. 박인수의 명성과 덕망이 신분을 뛰어넘은 것은 그가 책 속에서 길을 찾았기 때문입니다.

삼국지를 사랑한 영웅, 임진왜란을 승리로 이끌다

이순신(1545~1598)

우리 민족의 영웅인 이순신 장군은 임진왜란을 승리로 이끌며 조선을 구해 냈습니다. 이순신 장군의 뛰어난 지혜와 용병술은 그의 독서 습관에서 나온 것이었습니다. 이순신은 무예 실력도 뛰어났지만 거기서 멈추지 않고 우리나라와 중국의 병법책을 많이 읽었습니다. 그 노력과 독서 덕에 이순신은 임진왜란에서 많은 승리를 거둔 불패의 장수가 되었습니다. 그가 남긴 기록인 『난중일기』와 『임진장초』에는 그의 치열한 독서 흔적이 많이 남아 있습니다. 특히 이순신은 중국의 나관중이 쓴 역사책 『삼국지연의』의 열렬한 독자였습니다. 그는 특히 촉나라의 책사 제갈공명의 지혜에 감탄하며 그의 병법과 책략을 배워 나갔습니다. 또한 오랜 세월 침략을 받았던 우리나라의 역사가 담긴 책을 읽고 슬퍼하며 송나라의 전쟁사를 연구하려고 『송사』를 읽고 독후감을 쓰기도 했고, 송나라의 명장 '악비'의 전기인 『정충록』을 읽고는 마음에 새길 글귀를 따로 적어 두기도 했답니다.

책 한 권도 함께 읽으면 즐거움이 두 배!

박지원(1737~1805)

연암 박지원은 조선 실학의 아버지라 불리는 천재적인 실학자이자 문인이었습니다.『허생전』,『호질』등 양반과 위정자들의 위선을 신랄하게 비판하고 풍자한 그의 소설은 조선 후기의 베스트셀러가 되었습니다. 이전에 찾아볼 수 없었던 파격적인 문체와 소재 때문에 그의 작품들은 정조 임금에 의해 금서로 지목되기도 했습니다. 이처럼 연암 박지원이 시대를 앞서 나가는 작품을 쓸 수 있었던 이유는 수많은 책을 탐독한 그의 독서 습관에 있습니다. 수많은 조선의 책벌레들 중 박지원의 독서법이 유독 특별한 것은 그가 한 권의 책이라도 '함께' 읽지 않고는 못 배겼기 때문입니다. 박지원 곁에는 마음이 잘 맞는 벗과 동료 실학자들이 많이 있었습니다. 박지원은 그들과 함께 책을 읽고 날마다 토론과 논쟁을 벌였습니다. 박지원은 그 과정에서 비판적인 사고방식과 새로운 관점을 얻을 수 있었고, 그의 작품 속에도 여지없이 날카로운 비판 정신이 배어든 것입니다.

〈푸른책들〉이 펴낸 역사동화를 만나 보세요!

- 마지막 왕자 강숙인 (책 읽는 가족 2)
- 마사코의 질문 손연자 (책 읽는 가족 3)
- 바람의 아이 한석청 (책 읽는 가족 8)
- 아, 호동 왕자 강숙인 (책 읽는 가족 14)
- 제암리를 아십니까 장경선 (책 읽는 가족 24)
- 하늘의 아들 단군 강숙인 (책 읽는 가족 27)
- 주몽의 알을 찾아라 백은영 (책 읽는 가족 32)
- 꿈 그리기 한석청 (미래의 고전 9)
- 세아의 길 한석청 (미래의 고전 14)
- 불가사리 강숙인 (미래의 고전 15)
- 우토로의 희망 노래 최은영 (미래의 고전 16)

• 사진 제공 및 출처

〈세종 대왕 _ 책벌레 세자, 글자를 만들다〉
- 영조대왕어진(17쪽) – 국립고궁박물관 소장, e-뮤지엄 제공

〈허균 _ 소설과 사랑에 빠진 소년〉
- 홍길동전(46쪽) – 국립중앙박물관 제공

〈김득신 _ 억만 번 책을 읽은 동네 바보〉
- 김득신 간찰(58쪽) – 성균관대 소장, e-뮤지엄 제공

〈이덕무 _ 책만 보는 바보〉
- 동몽선습(69쪽) – 국립민속박물관 소장, e-뮤지엄 제공
- 김홍도 〈서당〉,《단원 풍속도첩》(69쪽) – 국립중앙박물관 제공

〈조신선 _ 모든 책은 내 손 안에 있소이다〉
- 김홍도 〈담배 썰기〉,《단원 풍속도첩》(79쪽) – 국립중앙박물관 제공

〈정약용 _ 아버지를 살리려거든 책을 읽어라〉
- 목민심서(89쪽) – 순천대박물관 소장, e-뮤지엄 제공

• 이외의 사진 자료들은 위키미디어가 제공한 공유 저작물입니다.